U0095921

紫禁城岁時

耿宝昌

耿宝昌先生 2019 年 3 月 6 日为王琎
拍摄的“紫禁城岁时”主题作品题字

# 紫禁城岁时记

王琎 著

故宫出版社

# 序言

王琎要出书了，书名叫《紫禁城岁时记》。他把尚未定版的样稿交给我看，希望我写几句话。

知道王琎的名字很早，在故宫文物系统查图的时候，摄影者一栏中，他的名字常常出现。后来因为工作的交集认识了，但没有认真说过话。

2015 年，《紫禁城》杂志开了一个专栏，挺小的，讲物候。“冬至”的一期，栏目的主图用了太和殿前的日晷。王琎拍的。

日晷，是古代以日影定时刻的计时器。样子大致知道。圆形的石盘，倾斜置于石座上，盘中心有与盘垂直的金属针，盘周边有刻度。通常看见的日晷图像就是石盘仰面的样子，从没有想过这个样子与真实的时间有什么样的因果关系。网上找到的日晷图片，基本都这样。

王琎拍的这张日晷样子有点特别，不是我见过的模样，而是石盘的背后。所以我立即打电话问。

王琎说：“这是冬天的日晷，所以朝南的一面（无知的我叫作背面）有太阳。到夏天，日晷是朝北的一面有太阳。春分、秋分的时候两面都有太阳。因为是给物候栏目拍二十四节气，所以是在冬至那天拍的，日影就在午字上。”他的回答是脱口而出毫不犹豫的，说明他对这个问题的确是有清楚的了解的。

我所以觉得异常，是因为平日看多了单一角度的图像，又没有专门去查一个究竟。我的印象来自不经心的浏览，也就是说，网络上采用的日晷图像，大多数是夏天的样子。如果日晷旁有人，都是着夏装的。

带着目的去找到侧面的图，可以看见日晷上的金属针是穿过石盘的，也就是说表盘是两面的。

见过与观察是不一样的，心里如果没有要看真、看全、看出不一样的念头，眼睛是会视而不见的。

当时禁不住想立刻告诉所有人——你知道日晷该怎么看吗？我猜，有好多人如我一样，不求甚解，以为知道。

这是紫禁城的“物”“候”。

专栏很小，图与文的作者不是一个人。文字的作者大约写了一百多个字的关于冬至的说明，日晷与冬至的关系未着一字。

可惜了。

这件事令我印象深刻，觉得王琎认真，对自己拍照的对象做过功课，所以被提问时能脱口答出是什么，为什么。有深究的心。

现在看书的内容，读拍摄者的实话实说，才知道在深究之外，还有很多别的经历，失望、糟心、遗憾。

譬如，因为总看见春天里有鸳鸯来，所以起了拍的念头，指望着能把选巢、成家、养育后代拍全，但这完美的计划很早就夭折了——

这年，鸳鸯夫妇再次出现，我也想多拍一些它们的育雏过程。连续三日，我都在树洞旁蹲守，从只有一只鸳，守到一鸳一鸯成双成对。我心里暗自高兴，只要我每天来拍，就能拍下从育雏到全家福的整个过程。

没想到，这美好的愿望还是没能实现。有天早上，我照旧蹲在树洞旁。只见鸳鸯夫妇一块儿飞过来，可是雌鸳鸯先后三次尝试进入树洞，都未能成功。我蹲在一旁干着急：难道是雌鸳鸯太胖了进不去？正在寻思怎么能帮到它们，鸳鸯夫妇远走高飞了。

接下来的日子，它们再也没有来过。

春末夏初，我在断虹桥上拍到一只鸯，孤零零地站在断虹桥的小石狮子上。

在春天这个恋爱的季节，孤独的鸳常见，而孤单的鸯可不多见。希望它不是因为不能进洞而被抛弃的。

再譬如，比较著名的紫禁城落花的那一张——

就在这时，一阵春风拂过，东侧杏树上的杏花大片飘落，我下意识端起相机，按下快门。粉白的杏花在红墙的映衬下如雪片般飘落，煞是壮观。我非常喜欢这张照片。后来再也没有在这里拍到过落花，拍照有时就是缘分所得。

一个专业摄影师，竟然也只能“偶然”。

自然，不仅从物质上养育了人，也用时节的转换教导人直面生死。

《紫禁城岁时记》是在物候观察的基础上积累起来的，照片之外，还有了摄影者的主诉（自己的声音）。编辑程鹃是个有心人，从《清代御制诗文全集》中选辑了五十余首乾隆皇帝的御制诗。诗在这里，是历史，也是自然。

御制诗与《紫禁城岁时记》有着天然而独特的完美契合。六百年的紫禁城，住客当然不止乾隆皇帝一人，但因着他对文学艺术的钟情，对出版的持久热度，这才有了御制诗文集（卷），而这些御制诗中的记录和今天的我们——无论是摄影者还是读者，都会有着千丝万缕的共鸣。

从所选诗来看，《清高宗御制诗初集》中的诗与他盛年以后记录政务和军事胜利的诗有大不同，用不会作诗的人的感受就是像诗。有景、有情、有怀抱。

譬如“如知春信至，日日唤春来。遥指能消渴，残英已贴苔”。人爱春的迫切，进而由花谢的形态，想到梅子的口感，形象、浅显、贴切。

又譬如“最爱东篱种，移陪净几芳。亚盆舒冷艳，擢秀先重阳。辞圃霜羞傲，窥帘蝶任忙。花师能位置，偏称小松旁”。爱秋天的菊，重阳节到来之前，盆中的花已经开了。连蝴蝶也在帘外受到了吸引。园丁很有眼光，把菊花与松树的盆景摆在一处，暗含了岁寒之友之意。

《兰亭序》中有名句：“仰观宇宙之大，俯察品类之盛，所以游目骋怀，足以极视听之娱，信可乐也。”形容的不就是作者、编者带给我们的享受吗？

去看书吧。

朱传荣

立春
雨水
驚蟄
春分
清明
穀雨

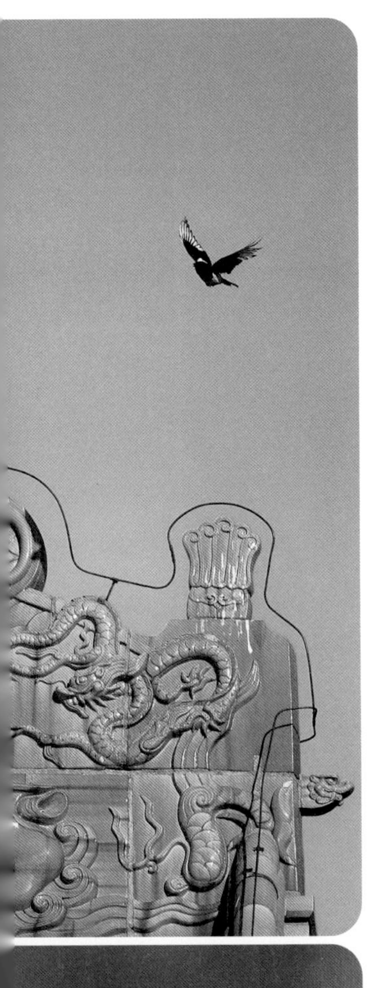

# 目录

立夏
小满
芒種
夏至
小暑

# 夏 149

立秋
處暑
秋分
寒露
霜降

## 秋 239

立冬
小雪
大雪
冬至
小寒
大寒

大雪

春

# 御花园花朝

清高宗弘历

堆秀山前景物芳，更逢晴日霭烟光。
负冰锦鬣游文沼，试暖文禽绕画堂。
彩燕缤纷先社日，青幡摇曳引韶阳。
莫嫌花事迟追赏，通闰应知春倍长。

立春 雨水 惊蛰 春分

清明 谷雨

提到春天，首先想到的就是一年之计在于春。春天就是开始，充满希望和期待。

每到春天，都会给自己定下许多目标，希望能够全部完成。经历了漫长的寒冬，对春天有着特别的期待，希望天气快点暖和起来，希望早日脱下棉衣，轻松起来。

# 瀛峤同春

立春，大多在春节前后，这时还不是很暖和。一听到立春节气到了，就感觉春天马上要来了。最准确的还是谚语“春打六九头”，每年立春基本都是六九的第一天或者第二天。经过冬至、元旦、春节这些大的节日、节气之后，立春似乎没那么重要，但是充满仪式感的“咬春”活动，是我和同事们都非常喜爱的。离我们最近的春饼馆在南河沿大街，出东华门到南河沿大街右转，有一个不起眼的小门脸儿房，每年立春我们都会想起它。为了避免排队，立春那天我不到 11 点就去到店里。春饼、摊鸡蛋、韭黄、猪头肉、蒜肠……统统打包回来，在办公室摆满一桌子，同事们一拥而上，乐呵呵地一起“咬春”。这是我对立春最深的记忆。

立春其实是在拍摄了二十三个节气照片之后拍摄的最后一个节气。经过之前长达一年时间对二十三个节气的拍摄，我已经有了一些经验。我想如果当初从立春开始拍摄，一定无从下手，主要是因为这个时节的紫禁城，从动植物来看，和冬季没有太多区别，气温有时甚至比立冬、冬至还低。

在拍摄过程中，肉眼可见的植物变化是玉兰的花苞。它们一天天明显变大，表面毛茸茸的，

右图

玉兰花含苞待放

## 有一种蓄势待发的感觉。

在我脑子里，始终想要拍一张大大的“春”字。在立春这个节气，在春节的前夕，让一张照片特别直白、具有冲击力地出现在人们眼前，上面写着“春”。不用过多解释，不用去解读照片的含义，就这么直接。我印象里紫禁城有好多个院落里都有屏风门，门上有字，总觉得在哪见过“春”字。

上三图

蜡梅花冰清玉洁

一次偶然的机会，我去漱芳斋拍照。大戏台西侧的屏风门上，“瀛峤同春”四个大字一下映入我的眼帘，于是便有了立春节气照片的第一张“春”字。

瀛　水名。从水嬴声。
峤　山锐而高也。从山乔声。
——《说文解字》

**上图、右图**
在漱芳斋找到了“瀛峤同春”

春

在乍暖还寒的立春节气，蜡梅是紫禁城唯一能看见的花。

蜡梅一般在一月底到立春前后开放，花期很长，能持续到二月底。蜡梅香气浓郁，路过就能闻见。在冷冽的冬季，冷不丁闻到这股香味，非常提神。

建福宫花园里有几株蜡梅。雪花飞舞的背景中，黄色的蜡梅在红柱子的映衬下，颇有傲雪的意味。内务府的旧址处也有一小片蜡梅，两处蜡梅的品种不一样。

建福宫花园的蜡梅是小花蜡梅，它的花朵特别小，外层花瓣是黄色的，里面的花蕊呈深红色条纹状，花香味很浓。

建福宫

位于内廷西路西六宫西侧，清乾隆七年（1742年）利用乾西五所之西四所及其以南的狭长地段修建而成。嘉庆七年（1802年）重修。

建福宫为一南北狭长的院落，东西宽约21米，南北长逾110米。整座院落从建福门起，以抚辰殿、建福宫、惠风亭和静怡轩4座重要建筑为核心，依次构成4进庭院。

建福宫初建时拟为乾隆皇帝“备慈寿万年之后居此守制”之用，后因故未行。乾隆帝十分喜爱建福宫，时常到此游憩。后清宫定制每年嘉平朔日（腊月初一）皇帝御此宫开笔书福，以贺新禧。咸丰皇帝曾奉皇贵太妃在此进膳；孝德显皇后、孝贞显皇后（慈安）的神位也曾设于此宫。

**梅**

*清高宗弘历*

暗香细细影疏疏，
不逞昌如只淡如。
看到去情得神处，
伊人真是雪为居。

右图
建福宫的蜡梅

**蜡梅**

*清高宗弘历*

蜡梅野种到春开，
磬口黄香傍水隈。
折取一枝胆瓶供，
相观都不负斯来。

**题余省仿林椿
四季梅 其一
梅花反舌**

*清高宗弘历*

如知春信至，
日日唤春来。
遥指能消渴，
残英已贴苔。

左图
凌寒独自开

# 琉璃滴水

雨水节气到来时，北京的天气状况基本和立春一样。对北京来说，春雨贵如油，干旱的北京在雨水节气很少有降水。拍摄“紫禁城二十四节气”的系列作品是从雨水节气开始的。我之前也学习、欣赏过类似的摄影作品，大多拍摄的是南方雨水天气，再配以中式建筑，图片主题鲜明，意境优美。我在干旱的北京、晴朗的紫禁城，看到这个命题的时候，确实脑子里一片空白。我认真思考了几日，甚至幻想再过两天会不会有贵如油的春雨落下，等到那时再拍，但现实中，还是要按时开始这个系列作品的创作。

滴水

宋代称重唇板瓦、垂头、华头板瓦，也称花边，古建瓦作俗称“滴子”，位于筒瓦屋顶、墙顶垄沟最下端，带有如意形舌片下垂之板瓦。

虽然没有降水，但是可以模拟降水啊。我想拍摄一个局部、一个小场景，不但有雨水，还要能看出是在紫禁城中，也就是要有明显的故宫元素。基于这样的想法，我开始试着拍摄。想到降水，就离不开紫禁城的琉璃滴水，拍摄水滴从琉璃滴水落下的创意

右图

定格水珠滴落的瞬间

## 也就产生了。滴水上的龙纹和背景中的故宫红墙也满足了我对故宫元素的需要。

当水滴不断落下，我不停地按动快门，将水滴从琉璃滴水落下的瞬间定格为照片。这是我拍摄的第一张与二十四节气相关的作品，也为后来的作品奠定了基础，主要是确定了故宫元素要明显的创作思路。

**右侧左图**

积水里倒映出屋脊上的小兽

**右侧右图**

沾着雨滴的松针

## 春气萌动

拍摄惊蛰之前，我认真查阅了关于惊蛰的资料。惊蛰的意思是天气回暖、春雷始鸣，惊醒了蛰伏于地下冬眠的昆虫。怎样通过图片来展现这个意境？我觉得有些难度。天气回暖是能感受到的，但昆虫有点难找。

我从武英殿走到文华殿，从西到东，仔细观察天气回暖时动植物的变化，看见的还是干枯的柳条，枯黄的草地。我在文华殿的内金水河旁拍摄了几张喜鹊的图片，感觉不太满意。怀着一丝沮丧，我背

右图

春天，喜鹊展翅飞翔

着相机往回走。这时，夕阳的金色光线洒在协和门上，一只喜鹊正落在协和门的屋脊上，靠近南侧大吻。我停下脚步，想拍这只喜鹊。突然，喜鹊从屋脊上飞起。此刻我正巧“埋”在镜头里，通过取景框看到了这一幕。我下意识地按动快门，迅速拍摄了整个过程。

大吻之上，喜鹊振翅而飞，有一种“惊”的动态感。屋脊的大吻也是一种有特色的故宫元素。

正吻

宋代称鸱尾，苏州地区称吻，古建瓦作俗称“吞脊兽”，位于瓦顶正脊两端的兽形瓦件，多为龙形。

**轻云**

*清高宗弘历*

轻云出远峰，冉冉天同色。
倏然散于风，高空不能陟。
当此启蛰时，群资发生德。
三冬雪未沾，奚以兴稼穑。
民天余职任，余忧曷有极。
勉兹尽人事，苦无回天力。
德薄灾荐臻，忸怩临兆亿。

右图
大吻之上，喜鹊振翅而飞

## 绿头鸭

每年春季，绿头鸭会飞进紫禁城，在河边找一棵有树洞的树，在那繁育小鸭子。小鸭子孵出来后，母鸭会带它们在河里觅食，直到它们长得和母鸭一样大小，能够飞翔了，鸭子们便会飞离紫禁城。

鸭

*清高宗弘历*

浮波不殊野鹜，登陆复伴家鸡。
水暖春江知也，城堕吴地凄兮。
巨山已夸淹博，甫里诚善滑稽。
独立那须畏隼，九思漫拟集鹈。

左图
早春时节，绿头鸭出现在金水河中
右图
展翅

紫禁城内金水河两旁的柳树非常适合绿头鸭做窝，有的树洞每年都被它们征用。一般母鸭会孵出 10 只左右的小鸭，闭馆或者人少的时候，它们甚至会沿着金水河游到太和门广场，那里的金水河有宽阔的水面。

金水河

由乾（西北）位流入皇城，由巽（东南）位流出的河。分为内金水河和外金水河。内金水河是由神武门迤西紫禁城西北方流入，向南，屈曲东折经太和门前，至东华门内三座门外南折，从紫禁城东南方流出的河。

紫禁城的内金水河弯弯曲曲，河里有鱼虾，非常适合小鸭子成长，但是不是所有的小鸭子都能够顺利长大。我跟拍过由一只母鸭带着的 10 只小鸭子，等长大之后就只剩了 2 只。这可能就是自然的淘汰法则吧。

右上图

内金水河中的绿头鸭

右下图

鸭妈妈带着小鸭子们

说是绿头鸭，但只有公鸭的头颈是绿色的，很是漂亮；母鸭长得像麻鸭一样，会被人们误以为是麻鸭。

右二图

畅游在内金水河中的鸭子

上图

宫墙背景前，一只绿头鸭飞过

**燕九日作**

*清高宗弘历*

排日元宵节物凭，
倏临燕九隙驹仍。
水光已泮绿头鸭，
楼影犹悬蓝尾灯。
也觉动余归静好，
因知闹不及闲恒。
荒唐那问神仙事，
二典三谟信可征。

# 鸳鸯

每年，紫禁城内金水河畔的柳树上都有鸳鸯出现，有时是一只雄鸳鸯，有时成双成对。春夏之交，便能看见鸳鸯妈妈带着小鸳鸯们在河里戏水觅食。年复一年，时日久了，终于明白，原来春天一到，鸳鸯夫妇就会来内金水河畔的柳树洞筑巢育雏，待雏鸟羽翼初成能够出巢，就直接跳入内金水河。内金水河里有吃有喝，也能躲避天敌的攻击。等小鸳鸯们长大了，鸳鸯父母就会离开。

**有鸟二十章之一**

*清高宗弘历*

有鸟有鸟双鸳鸯，
接翼交颈游方塘。
共宿兰沼何容与，
同飞镜浦相回翔。
若有人兮翠袖裳，
思夫君兮天一方。
春朝步兮春池旁，
睹佳禽兮增慨慷。

右上图

你在看什么

右下图

等等，我飞过来

这年，鸳鸯夫妇再次出现，我也想多拍一些它们的育雏过程。连续三日，我都在树洞旁蹲守，**从只有一只鸳，守到一鸳一鸯成双成对。**我心里暗自高兴，只要我每天来拍，就能拍下从育雏到全家福的整个过程。

**右侧左图**
正步走
**右侧右图**
向前看

没想到，这美好的愿望还是没能实现。有天早上，我照旧蹲在树洞旁。只见鸳鸯夫妇一块儿飞过来，可是雌鸳鸯先后三次尝试进入树洞，都未能成功。我蹲在一旁干着急：难道是雌鸳鸯太胖了进不去？正在寻思怎么能帮到它们，鸳鸯夫妇远走高飞了。

接下来的日子，它们再也没有来过。

**右侧左图**
一静一动
**右侧右图**
瞭望

春末夏初，我在断虹桥上拍**到一只雌鸳鸯，孤零零地站在断虹桥的小石狮子上。**

在春天这个恋爱的季节，孤独的雄鸳鸯常见，而孤单的雌鸳鸯可不多见。希望它不是因为不能进洞而被抛弃的。

断虹桥

位于太和门外、武英殿之东，单拱石券，横跨于内金水河之上。桥南北向，长 18.7 米，最宽处达 9.2 米。桥面铺砌汉白玉巨石，两侧石栏板雕穿花龙纹图案，望柱上之石狮神态各异，宛然如生。桥之建造年代为明初或元代尚未定论。但此桥用料之考究、装饰之华丽、雕刻之精美，乃紫禁城内诸桥之冠。

右侧左图

我的树洞在哪里

右侧上图

快去找树洞

右侧下图

找到一个树洞

上图
站好，拍照了

## 青青水中蒲三首

清高宗弘历

青青水中蒲，
如剑森池沼。
下有双鸳鸯，
同生亦同老。

青青水中蒲，
间以芙蕖花。
自问无颜色，
相对重咨嗟。

青青水中蒲，
忽萎秋风里。
终始不离波，
嗟君不似此。

# 白山桃

紫禁城的春天是从这棵白山桃开花开始的。

在紫禁城内务府旧址西侧的内金水河边，有一棵白山桃树，每年三月中下旬，会开出白色的花朵。在漫长的冬季后，人们突然看到花开了，会真切地感受到春天来了。这就是我的“消息树”。

这棵白山桃是紫禁城里开花最早的一棵树，它一开花，就明确告诉我，紫禁城的花季开始了。这时的节气其实已经到了春分前后。之前的立春、雨水、惊蛰这三个节气，从景物上看，与冬季的差别并不大。只有这棵白山桃的盛开，才给人们带来春的气息。

内务府

全称“总管内务府”，是清代掌管皇家事务的最高管理机构，始设于清初。顺治十年（1653年）六月裁内务府，改设十三衙门。顺治十八年（1661年）废十三衙门，重设内务府。康熙十六年(1677年)内务府初具规模，下设七司三院：广储司、都虞司、掌仪司、会计司、庆丰司、营造司、慎刑司、上驷院、武备院、奉宸苑，其职能与国家机构中的六部相对应。

**白山桃**

清高宗弘历

绿萼已称谢脂粉，
素华偏自舞蹒跚。
不因严节从头校，
几与寒梅一例看。

右图
白山桃盛开

上二图
春之“消息树”

上图
每年春天的约定

## 杏花

紫禁城里有多处杏树，开花时节，粉白色杏花映衬在红墙上；盛开几日之后，随风飘落，大有落英缤纷的意境。紫禁城里比较适合拍照、赏杏花的地点有：寿康宫、坤宁宫，御花园玉翠亭、雨花阁宝华殿。“一枝红杏出墙来”在这里有最直观的表现。

右二图

寿康宫的杏花

上二图

寿康宫的杏花

**春日雨后海子外行围二首**

*清高宗弘历*

雨后观新柳，垂丝带玉珠。
村村生意足，处处早春殊。
马健方堪骋，鹰雏未解呼。
万家烟火里，蓑笠快何如。

绣陌连芳屿，韶光十里繁。
绿深杨柳岸，红暗杏花村。
时雨占年稔，新晴爱日暄。
游观回勒晚，残照落柴门。

上图

坤宁门西侧的杏花

左图

从御花园澄瑞亭外看杏花

右图

每年春天，御花园里这株开花的杏树都是大明星

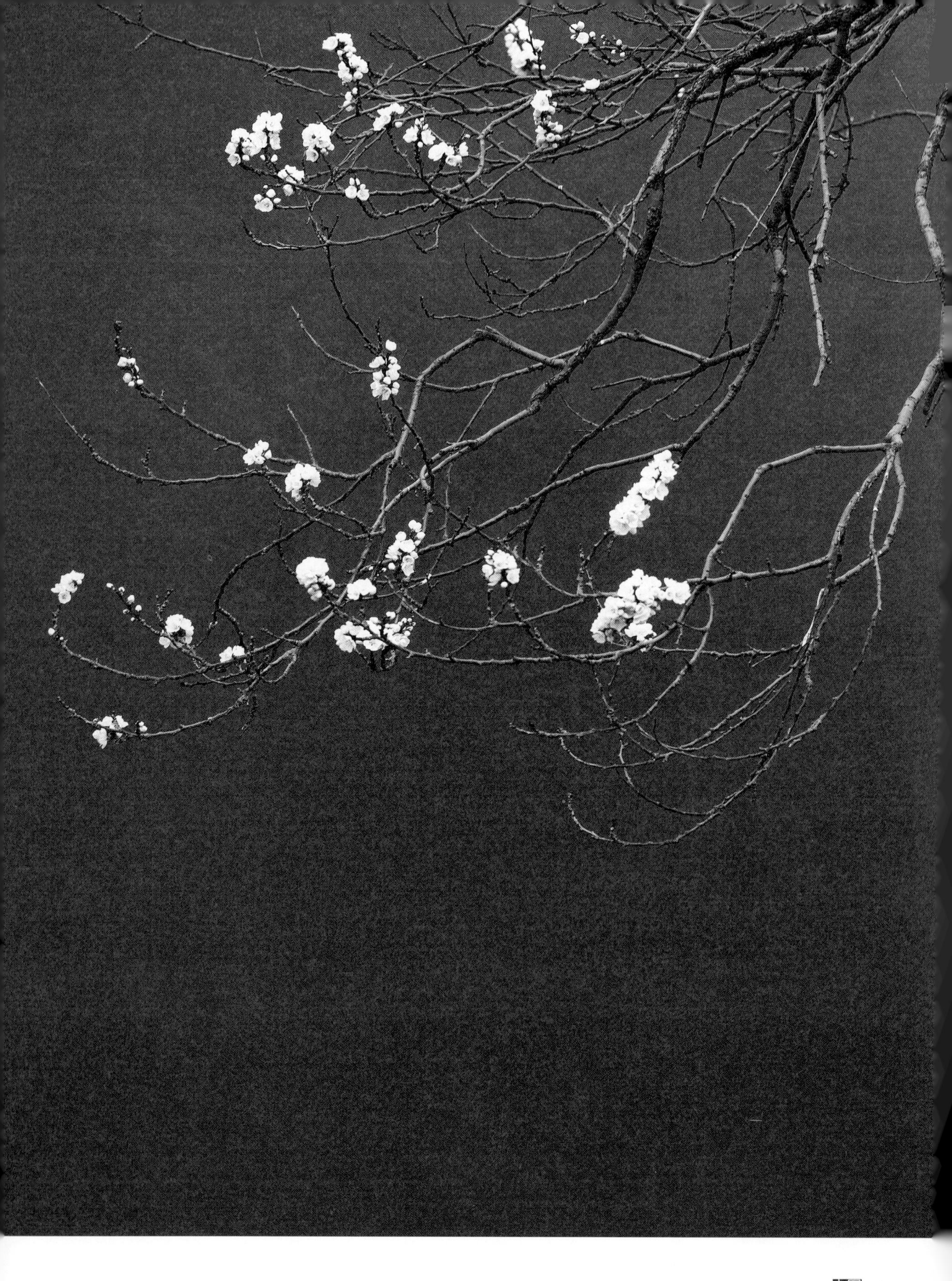

上图

杏花与红墙是绝配

雨花阁后的宝华殿两侧各有一棵杏树，在春分前后盛开。这两棵树，正好在东西两侧的房山南侧，房山上还有砖雕的透风，高大的红墙在左右两侧映衬，真是天然的好背景。

那日早晨，我在宝华殿拍摄之后觉得角度有些低，不是很满意，便找来一架梯子，把梯子支在宝华殿前正中央。我爬上梯子坐下，离地应该有两三米高。向左转身，能拍到宝华殿西侧的杏树；向右转身，能够拍摄到宝华殿东侧的杏树。我对自己选定的位置甚是满意，还在梯子上享受了一会儿春日暖阳。

透风

亦称气眼，为房屋墙壁外皮与木柱交接处留出的通气孔，以预防柱子因潮湿而糟朽。一般用雕花透空砖作装饰。

右二图
雨花阁宝华殿的杏花

就在这时，一阵春风拂过，东侧杏树上的杏花大片飘落，我下意识端起相机，按下快门。粉白的杏花在红墙的映衬下如雪片般飘落，煞是壮观。我非常喜欢这张照片。后来再也没有在这里拍到过落花，拍照有时就是缘分所得。

大面积红墙留白，衬托着飘落的杏花，照片上方是伸出的树枝和黄色的琉璃瓦，满足了我对故宫元素的要求。多年之后，那天午后看见花落时的惊讶和拍下照片时的喜悦依然深深留在我的记忆里。

雨花阁

位于内廷外西路春华门内，是宫中数十座佛堂中最大的一处。雨花阁建于清乾隆十四年（1749 年），是我国现存最完整的藏密四部神殿，对于研究藏传佛教具有重要的意义。

**养心殿杏花**

*清高宗弘历*

托根依玉砌，绽蕊临珠殿。
却羞欺雪梅，小试宜春面。
案香风度帘，昼静霞明扇。
方廑蔀屋忧，未拟华林宴。

右图

杏花花瓣如雪片般飘落

# 玉兰

玉兰也是3月盛开的品种，紫禁城的玉兰一般在3月下旬陆续开放，比长安街上的玉兰晚一周左右。御花园等多处院落里都有玉兰，传心殿、南三所、钟粹宫的玉兰都非常适合拍摄。洁白的玉兰花与红墙黄瓦相衬，是最适合的搭配。

传心殿

位于紫禁城东南隅的文华殿东侧，是一组由长方形院落组成的祭祀性建筑。整个院落南北长100米，东西宽25米，占地面积2500平方米。院中“大庖井”极负盛名，井水清甜甘洌，可与京西玉泉山之水相媲美，故有“玉泉第一，大庖第二”之说，井水至今仍未干涸。

传心殿建于清代康熙朝，是清代皇帝御经筵前行“祭告礼”之处。殿正中设皇师伏羲、神农、轩辕，帝师尧、舜，王师禹、汤、文、武的牌位。东设周公位，西设孔子位。

**题沈周写生各种之玉兰**

*清高宗弘历*

簇簇玉光蔚，菲菲兰气匀。
似中无刻画，淡处有精神。
磊落偏饶韵，芳华不借春。
分明称木笔，写照倩他人。

右图

传心殿的玉兰

上四图

传心殿的玉兰

上二图

南三所的玉兰

南三所

位于外朝东路文华殿东北，为一组殿宇的总称。明朝这一带有端敬殿、端本宫，为东宫太子所居。其中原有殿名“撷芳殿”，清康熙年间太子允礽之宫人于此居住。乾隆十一年（1746年）在撷芳殿原址兴建三所院落，作为皇子居所。因其位在宁寿宫以南，故又称“南三所”，也称“阿哥所”或“所儿”，嘉庆朝以后多以“撷芳殿”代称整组建筑。

说起紫禁城的玉兰，当属钟粹宫的最为有名。钟粹宫，东六宫之一，明永乐十八年（1420 年）建成，起初叫咸阳宫，明嘉靖十四年（1535 年）改称钟粹宫。钟粹宫明代为妃嫔所居，一度为皇太子宫。清代为后妃居所，在这里住过的最有名的人物是咸丰帝的孝贞显皇后，也就是后来的东太后慈安。她自入宫起即在钟粹宫居住，直至光绪七年（1881 年）去世。钟粹宫院内东西各种植两株玉兰树，东侧两株为紫玉兰，西侧两株为白玉兰。钟粹宫的建筑不高，玉兰树正好在房前，可以以红墙、黄色琉璃瓦、窗棂等这些有紫禁城特色的元素为背景来拍摄玉兰花。

传心殿是故宫博物院古建部所在地。传心殿的前院两侧各有一株玉兰，东侧的玉兰树高大笔直。

御花园里有好几棵玉兰，在千秋亭和万春亭两侧。玉兰花盛开时，观众可以尽情地观赏和拍摄。

上图

黄瓦和玉兰

右二图

钟粹宫的玉兰

## 榆叶梅

榆叶梅不是什么名贵的品种，在紫禁城里有多处种植，最成规模的还是西华门到熙和门的这一路。榆叶梅盛开的时候，路两旁都是粉色，一直随路延伸。

我的办公室前有一株榆叶梅，花开时候，会有蝴蝶飞来。我还拍到过停歇在榆叶梅上的蝴蝶。

右侧左图
御花园的榆叶梅
右侧右图
建福宫的榆叶梅

# 梨花

清明前后，紫禁城内的梨花会按时开放。每年在紫禁城看梨花必须去的地方是承乾宫。4月初，承乾宫，古梨树，花开枝头。院子内，摄影爱好者拿着长枪短炮、旅游团的导游举着小旗子、做直播的主播手持稳定器和手机，讲着顺治帝和董鄂妃的爱情故事。除了赏花，赏花的人也是一道风景线。

承乾宫

承乾宫，内廷东六宫之一。明永乐十八年（1420年）建成，初曰永宁宫，崇祯五年（1632年）八月更名承乾宫。清沿明旧。顺治十二年（1655年）重修，道光十二年（1832年）略有修葺。

宫为两进院，正门南向，名承乾门。前院正殿即承乾宫，面阔5间，黄琉璃瓦歇山式顶，檐角安放走兽5个，檐下施以单翘单昂五踩斗栱，内外檐饰龙凤和玺彩画。东西有配殿各3间，明间开门，黄琉璃瓦硬山式顶，檐下饰旋子彩画，崇祯七年（1634年）安匾于东西配殿，曰贞顺斋、明德堂。

后院正殿5间，明间开门，黄琉璃瓦硬山式顶，檐下施以斗栱，饰龙凤和玺彩画。两侧建有耳房。东西有配殿各3间，均为明间开门，黄琉璃瓦硬山式顶，饰以旋子彩画。后院西南角有井亭一座。此宫保持明初始建时的格局。

此宫在明代为贵妃所居。清代为后妃所居，清顺治帝皇贵妃董鄂氏，道光帝孝全成皇后、琳贵妃、佳贵人，咸丰帝云嫔、婉贵人都曾在此居住。

**梨花**

*清高宗弘历*

含姿映琐窗，弄影临芳埒。
娑娑媚晓风，裳裳酬令节。
琼葩比梅艳，姱朵方桃洁。
雅致入闲吟，幽芬供静掇。
庭院引蜂攒，画图宜燕颉。
偶来花下立，儃佪不忍撷。
韶华讵久驻，会看霏香雪。

右图

承乾宫的梨花

上图

承乾宫的梨花

除了承乾宫的梨花，寿康宫院内也有两棵梨树，在东西配殿耳房前。

寿康宫的梨树开花与承乾宫不同，承乾宫梨花每年都盛开，每年开花数量大致相同。寿康宫梨树有大小年之分，开花大年满树梨花，一团一簇的。大年之后的小年，满树嫩叶中就点缀着几朵梨花。寿康宫梨树周围有红墙、黄瓦、砖雕透风、青绿贴金的彩画、寿康宫的牌匾，这些都是非常优质的美图背景。

上图

寿康宫的梨花

上三图
寿康宫的梨花

建福宫日月晷后种植着一棵梨树，每年梨花开时我也去拍照，这树梨花周围有着优美的背景——建福宫的匾额、日月晷、描金的大门、贴金的彩画。

上图、右图
建福宫的梨花

**雨中梨花二首**

*清高宗弘历*

捻捻腰肢耐峭寒，
寻常那许画中看。
太真院里人如玉，
小立春风泪未干。

番风十七到梨花，
无那游蜂日报衙。
列缺女夷俱爱洁，
倾来珠露浴丹砂。

右图
建福宫的梨花

# 海棠

故宫的文华殿前有一片海棠花海，花开时节花朵连成片，宛如花的海洋。在文华门两侧有八株巨大的西府海棠树，这八株西府海棠经过多年的生长，树冠非常高大，在甬道上方树冠相连，形成了一个花的隧道。

甬道两侧各四株，其中有一株是白色的海棠。这株白海棠，穿插在粉色的海棠花里，打破了单一的色调，让粉色的海棠花海多了一些跳跃感。文华殿前的西府海棠盛开时，每当轻风吹拂，花瓣会洋洋洒洒飘落，映衬着文华门，蔚为壮观。

左图
文华门前的海棠
右图
谁不想在春天走过这样一条开满海棠花的小路呢

## 这两年故宫又进行了西府海棠的补种，文华门前的海棠花海变得更加壮观。

人们可以在海棠花下漫步畅游，也可以站在文华门的台阶上俯瞰整个花海，文华门前的这一片海棠花海应该是故宫里可观赏、可拍照的规模最大的一片海棠花，也最具代表性。但是这片西府海棠并非每年都能达到极盛，存在着大小年之分。如若前一年西府海棠盛开，那么今年就会开得没有那么茂盛，甚至花朵很少。所以不是每年的 4 月份都能有机会在故宫的文华殿前看到壮观的西府海棠花海。

文华殿

始建于明初，位于外朝协和门以东，与武英殿东西遥对。文华殿位于紫禁城东部，一度作为“太子视事之所”。明清两朝，每岁春秋仲月，都要在文华殿举行经筵之礼。

明代设有“文华殿大学士”一职，以辅导太子读书。清代逐渐演化形成“三殿三阁”的内阁制度，文华殿大学士的职掌变为辅助皇帝管理政务，统辖百官，权限较明代大为扩展。

右二图

盛放的海棠花

書畫館

若想观大株的西府海棠，故宫还有一个去处，就是永寿宫。

永寿宫的西府海棠一共就两株，在永寿宫前左右对称种植。这两株西府海棠树冠非常大，有的海棠花树枝都能垂到地面，每到 4 月海棠花开放的时候，会觉得整个院子里都是海棠花。

永寿宫

为内廷西六宫之一。建于明永乐十八年(1420 年)，初名长乐宫。嘉靖十四年（1535 年）改名毓德宫，万历四十四年（1616 年）又更名为永寿宫。

永寿宫为两进院，前院正殿永寿宫面阔 5 间，黄琉璃瓦歇山顶。

永寿宫为明代妃嫔、清代后妃所居之处。清代顺治帝皇贵妃董鄂氏、恪妃，嘉庆帝如妃曾在此居住。

**题孙克弘花卉册之西府海棠**

*清高宗弘历*

体格幽娴态自佳，撩人春色照庭阶。
飘然仍是齐梁韵，合着参军谢朓怀。

右二图

永寿宫的海棠

永壽宮

还有一些西府海棠分别在乾隆花园的颐和轩和御花园的养性斋前。这两处的海棠树虽然也是西府海棠，但是没有文华门和永寿宫的那么大。颐和轩经常有猫咪出没，花开的时候，小猫在海棠花间上下蹿腾，嬉戏打闹，别有一番趣味。

上图、右图

颐和轩的海棠花

# 丁香

紫禁城的丁香有白色和紫色，分布也比较广，御花园、延禧宫、慈宁宫花园、协和门的南侧，还有武英门附近，一直到雨花阁的宝华殿前，寿康宫的后殿等，都有丁香种植。

**题邹一桂花卉山水小册各二十四种之紫丁香**

清高宗弘历

春来百结一朝舒，
琐碎不无香有余。
何事山人偏被屏，
独教衣紫炫庭除。

左图
阳光下的白丁香
右图
慈宁宫花园的丁香

上图

协和门外的丁香

上图

武英门外的丁香

上图

寿康宫的丁香

上图

颐和轩的丁香

丁香的花朵一般为四瓣，小而密，一丛一丛地开放。拍摄时其实并不好展现与背景的关系，用微距镜头细拍花朵，能够展现出花朵的美丽。在花开茂密的时候，可以以整株的丁香树为拍摄对象，映衬着古建筑拍摄。协和门附近的丁香树非常高大，花开的时候一大片白色，香气袭人。延禧宫内的灵沼轩前也有两株丁香，衬着西洋式建筑，也是别有一番风味。

延禧宫

为内廷东六宫之一，位于东二长街东侧。建于明永乐十八年（1420 年），初名长寿宫。嘉靖十四年（1535 年）改称延祺宫。清代又改名为延禧宫，康熙二十五年（1686 年）重修。明清两朝均为妃嫔所居，清道光帝之恬嫔、成贵人曾在此居住。

道光二十五年（1845 年）延禧宫起火，烧毁正殿、后殿及东西配殿等建筑共 25 间，仅余宫门。宣统元年(1909 年)在延禧宫原址兴工修建一座 3 层西洋式建筑——水殿。水殿四周浚池，引玉泉山水环绕。主楼每层 9 间，底层四面当中各开一门，四周环以围廊。楼之四角各接三层六角亭一座，底层各开两门，分别与主楼和回廊相通。隆裕太后题匾额曰“灵沼轩”，俗称“水晶宫”。

左图
白丁香
右图
延禧宫的丁香

# 牡丹和芍药

4月的下旬，海棠花还没有完全凋谢的时候，谷雨节气到来了，被称为谷雨花的牡丹在御花园里竞相开放。御花园的东部花池里种植了大片的牡丹花。故宫的牡丹花有许多珍贵品种。有一株墨牡丹在千秋亭下，每到盛开时，映衬在汉白玉栏杆上，显得格外雍容华贵。虽称墨，但并非黑，而是比大红色多了一些沉稳，红得不那么鲜艳，如同墨与朱砂调和出来的颜色，用在这牡丹上，真有了“此花只应天上有”的感觉。

再有就是传统名品，二乔牡丹。在御花园天一门西侧有一株二乔牡丹，这株牡丹每年开放的花朵既有一株双色，也有一朵双色，非常难得。

**咏盆中牡丹**

*清高宗弘历*

亚盆初绽鼠姑芽，
映座浓添几朵霞。
帘幕未招游客骑，
芳菲待报午蜂衙。
不须富贵丛中闹，
却爱萧疏静处嘉。
九十春光应护惜，
花师莫漫趱韶华。

**右图**

御花园万寿亭的墨牡丹

二乔是牡丹名品种之一。天一门西侧这株二乔牡丹，每年都是最顶端花朵为一朵双色，高高在上，让人们一眼就能看到。从顶端往下，就是粉色和浅红色的牡丹花了。

上左图
二乔牡丹
上右图
黄牡丹

御花园的牡丹生长多年，株形都比较高大，拍摄时背景衬以红墙，或者御花园中的亭台、彩画，更能显出牡丹花的雍容华贵。

墨牡丹颜色深，如果衬在红墙的背景上就与背景色接近，不突出花朵。可它们恰巧生长在汉白玉栏杆旁边，衬在白色的栏板之上，墨牡丹的墨红色便显现无遗。拍摄时要注意曝光尽量以花朵为准，白色汉白玉过曝一两挡也无大碍，更显洁白，墨牡丹的花朵要曝光充足才能更好地还原颜色和分辨层层花瓣。

上图

御花园的牡丹

右图

慈宁宫花园的“谷雨花”

御花园的牡丹凋谢之后，芍药登场了。芍药是草本植物，株形没有牡丹高大，在御花园东部花池中成片开放。虽然单朵芍药没有牡丹那么雍容华贵，但是在御花园的红墙黄瓦映衬下，成片的芍药竞相开放，场面也蔚为壮观。

**芍药**

*清高宗弘历*

婪尾春光饮露酣，金铃风度响䤵䤵。
倚栏一种无言恨，只妒花王青出蓝。

右二图
御花园的芍药

在慈宁宫花园，同样种植了牡丹和芍药，临溪亭前的花池里种植的是芍药，咸若馆前的花池内种植的是牡丹。咸若馆前的牡丹有一株花色为黄色，是御花园里没有的品种。

上二图
慈宁宫花园的芍药

**题邹一桂花卉十二幅之芍药**

清高宗弘历

繁红艳紫殿春余，第一扬州种色殊。
逞尽风流还自恨，被人强唤是花奴。

## 桃花

四月中下旬，轮到桃花开放了。紫禁城里地栽的桃树不多，比较常见的是盆栽的桃树。这种观赏桃树被修剪得极富造型感，开花的时候，摆在院落里，让人想起黄庭坚的诗：“桃李春风一杯酒，江湖夜雨十年灯。”

建福宫的桃花

神武门东侧的东大房，有一株碧桃，花开的时候红艳艳；给它作背景的，是巍峨的神武门城楼。

碧桃开花的时候没有叶子，满枝满杈的都是红色的桃花，观众朋友们走到神武门，一般都是快要离开故宫了，正好坐在此处歇歇脚，观赏碧桃，然后拍照留念。东大房的这棵碧桃也一度成了网红树。

东大房碧桃，造型独特，右侧有宫灯，

上图
初春落雪

拍摄时以红墙作为背景，路过的人们用手机随手一拍或是用相机稍加构图，都是一幅新国风作品。这两张东大房碧桃的图片拍摄相差就几个月，时间很近。从初春落雪到仲春花开，枝丫变化不大，构图角度接近，两个季节的对比一目了然。

初春拍摄雪景，红墙正好映衬出雪花落下，拍摄之后记下角度和镜头焦距，想着开花了再拍一张同角度的图片。相隔百日，再拍花开，就有了这感觉相隔一年的两种景象。

**上图**

仲春开花

## 黄刺玫

紫禁城里有几处黄刺玫，不知道是不是院里特意种植的。我拍摄的黄刺玫在内金水河的河墙旁边。黄刺玫很顽强，从砖缝中长出来。它像蔷薇一样有刺，黄色的花瓣比蔷薇的要小，花瓣的层数比较多。黄刺玫周围没有什么特别的古建筑，但是金水河墙上的黄色琉璃瓦和深灰色的河墙，配上一丛黄刺玫，也很别致。

左图、右图
金水河畔的黄刺玫

## 楸树花

我经常去建福宫花园，延春阁周围就有几棵楸树。它们太高大了，比起其他精巧的园林景观，我经常忽略了它们的存在。

有一年春天，大概是五一假期前，我跟往常一样来到建福宫花园拍照。一进来，就感觉到气氛的不同，原来这几棵高大的楸树正在开花。密集的粉色花朵开在高高的枝头，像忽然撑开了一把颜色亮丽的大伞。

我第一次如此近距离地看到了楸树花。

这里最高的那棵楸树，都快跟延春阁齐平了，阁楼檐角的小兽如同置身于天空中的花海，更多了一分灵气。

建福宫花园始建于乾隆七年（1742 年），占地约 4020 平方米，有建筑十余座，殿堂宫室、轩馆楼阁无所不有，乾隆皇帝非常喜欢建福宫花园，这里也一直是皇家珍宝的收藏地。1923 年，一场大火把这座瑰丽的皇家花园连同无数珍宝化为灰烬。我们现在看到的建福宫花园，是 2006 年复建的。

右图

延春阁的楸树

拍摄楸树花的时候，我心情特别好。延春阁周围是亭台、楼阁、假山，楸树花与亭子、彩画、檐角小兽共同组成了美丽的春日画卷。真是“不到园林，怎知春色如许”。

延春阁

平面呈方形，面各五间，周围廊，二层出平座，四面各三间。从记载来看，延春阁虽然外观二层，内实为三层，为明二暗三有夹层的楼阁式做法，其中底层间隔较多，宁寿宫花园的符望阁仿延春阁所建，因其底层分布复杂多变，真真假假变幻其中，身临其境难辨东西南北，因有“迷楼”之称。延春阁布局之复杂可想而知。

上图

楸树很高，拍摄起来颇有难度

右图

积翠亭的楸树

## 坤宁门的东侧有一株楸树，开花的时候有的树枝会垂下来，映衬着坤宁门的牌匾或者是琉璃墙的琉璃，这也是观众在进入御花园的时候，可以欣赏到的一处楸树花。

乾隆花园的古华轩旁有一棵古老的楸树，即便在开花的时候，你也可能注意不到它。因为这棵楸树十分高大，树冠已经长得比古华轩还高。开花的时候，如果不仰头仔细去看，那开在高处的粉色花朵就会被错过。乾隆皇帝在宁寿宫修建此处花园的时候，这棵古楸树就已经在这里了。倚树建轩，因此命名为古华轩。慈宁宫花园里的楸树也类似，个子太高，花朵开得寂寞。须得是有心人，才能看到楸树的花。

不知道紫禁城其他地方还有没有楸树。春天的时候，我再去找一找。

楸树花的个头比牵牛花小，呈喇叭状，一朵朵、一片片，密密麻麻爬满枝头，粉色的花瓣，里面还藏着丝线一样的花蕊。

**古华轩**
**——前有古楸一树，因以构轩，故名**
*清高宗弘历*

树植轩之前，轩构树之后。
树古不计年，少言百岁久。
孙枝亦齐肩，亭立如三友。
粗皮皴老干，冬时叶无有。
积雪为之华，是诚循名否。

右图
坤宁门的楸树

## 紫藤

故宫的开放区里有两株紫藤，一株在御花园万春亭后的古树上，还有一株在永和宫院内的古树上。

上图
御花园的紫藤

永和宫，是内廷东六宫之一，位于承乾宫之东、景阳宫之南。明代为妃嫔所居，清代为后妃所居。清康熙帝孝恭仁皇后曾久居此宫。此宫保持明初始建时的格局。永和宫内的这株紫藤，缘古树攀藤，和古树浑然一体。开花的时候，紫藤花遮住了古树，远远看去，就像院子里伫立着一棵紫藤树。

**紫藤**

*清高宗弘历*

紫藤花发浅复深，满院清和一树荫。
尽饶袅袅琅嬛态，安识堂堂松柏心。

右二图

永和宫的紫藤

# 喜鹊

喜鹊应该是北方最常见的一种鸟了。在紫禁城里，四季都可以看到喜鹊。这里的花喜鹊体形大，羽毛颜色黑白分明，它们落在古建上歇脚的时候特别好看。大概是名字很讨喜，我一直都很喜欢喜鹊。

紫禁城的自然环境很适合喜鹊栖息，有小树林，有金水河。这里的喜鹊也不挑食，有时候会跟流浪猫抢猫粮，有时候也在垃圾堆里翻找人类丢弃的食物。它们的日子过得应该还是挺舒心的，都长得胖胖的。

我从来没有特意去拍过喜鹊。拍景物的时候，如果正巧看到了喜鹊，位置好，背景好，我就会顺手拍下来。渐渐地，电脑里也存了不少喜鹊的照片。寓意吉祥的喜鹊，也算是紫禁城里的一景。

**喜鹊**

*清高宗弘历*

喜鹊声唶唶，俗云报喜鸣。
我嘱望雨候，厌听为呼晴。

右图
花间喜鹊

左二图、右图

紫禁城各处的喜鹊

# 猫咪

猫咪在紫禁城里有着别的小动物不具备的地位。故宫人爱猫，故宫猫生活得非常幸福。猫咪在紫禁城里有自己的领地，平日里也有热心的同事喂养、照顾它们。它们一般都有名字，基本都是属地加名字，比如乐寿堂小崽、景仁宫鳌拜、出版社小美……

拍摄猫咪要靠缘分，每次不带相机路过都能看见它们在那悠闲自得地晒太阳、玩耍；当你带上相机、带上零食，专门寻它们，却不见踪影，有时喊破嗓子也不见它们出来。

右四图

颐和轩的猫是爬树高手

上二图

让我想想，怎么吹走这朵蒲公英

# 夏

# 消夏

清高宗弘历

消夏凭何事，清吟兴欲催。
心闲日晷永，绮思方悠哉。
天际凉飔动，槛外山花开。
倏看明月上，入我户牖来。
即境自怡悦，拈韵无安排。
何须逐晓凉，步屧登高台。
诗成哦几过，清夜闲徘徊。
此乐足消夏，非云夸别裁。

立夏 小滿

芒種 夏至 小暑 大暑

北京的春天特别短，紫禁城的春天更短。各种花开完之后，紫禁城就直接进入夏天。我还忙不迭地在紫禁城里的各个角落找寻漏拍的花朵的时候，夏天已经悄悄来了。

# 柳树

春天的时候，我没顾得上看柳树，注意力都集中在各种盛开的花上。就在不经意间，柳树绿了，等我注意到它们的时候，柳叶已经长出来不少了。这个时候的柳叶是一种新绿色，逆着光能看到叶脉，鲜嫩鲜嫩的。

紫禁城里的柳树其实并不多，断虹桥两旁的金水河畔有柳树。上午阳光从南打过来，嫩绿的柳叶儿下是嫩绿的草坪，一片静谧。

断虹桥紧连着十八棵槐，十八棵槐往北，又是银杏林。这里的景色从春到冬，各有不同。春天的时候有新发的柳树、槐树和银杏的嫩绿叶子，再暖一些就有各种鸟了。

右二图

断虹桥畔的柳树

# 戴胜

这张戴胜的照片是 2014 年无心插柳之作。三年后，我想再拍一次戴胜。我兴冲冲地赶到上次的拍摄地——南三所，却发现这里的透风鸟巢已被戴胜废弃。于是我转战熙和门蹲守抓拍。连续三天拍摄下来，光线、角度、构图……这些方面，总是差一点点。我不免有些沮丧，只好安慰自己，“文章本天成，妙手偶得之”。

戴胜这个名字在字面上往往让人摸不着头脑。其实，戴是戴上之意；胜在此处和胜利沾不上边，而是古代女性的一种华丽头饰——华胜。当古人看到这种头上长有羽冠的鸟时，觉得跟女子头戴华胜的样子很像，便称呼此鸟为戴胜。在动物的名称中，很少有这种动宾结构的组合方式，而且光看名字，根本看不出它属于哪一类鸟。如今，越来越多的观点支持把它单独作为一个目，就叫戴胜目。

《清宫鸟谱》中也收录了戴胜。不知道当年的画师是不是在紫禁城里观察到戴胜并且照着画下来的。

戴胜的外貌虽算不上艳丽，但绝对很独特。它总喜欢蹑手蹑脚地在草地上踱步，黑、棕、白三色相间的外衣能很好地融入周围环境。只有在它低下头、用嘴猛戳地面找寻食物时，才能通过抖动的头部确定它的行踪。饱餐之后，戴胜会先环顾四周，然后一跃而起，展着那对黑白相间、异常宽大的翅膀缓缓飞去，动作不快却很有节奏，像一只巨大的花蝴蝶。

戴胜漂亮的羽冠使它有了“花蒲扇”的美誉,其实它还有一个“臭咕咕”的别名。因为它的卫生习惯实在是一塌糊涂。繁殖期，雌鸟从不清理巢穴中的粪便。雏鸟孵出后，粪便更是倍增，和食物的残渣堆

右图
以透风为家的戴胜

积在一起，导致窝里臭气熏天。同时，雌鸟的尾脂腺还会分泌一种带有恶臭的气味。如此“臭到没朋友”，可能是一种自我保护，能将不速之客拒于门外。

这几年，我偶尔也有连相机都不愿意拿起的低迷状态。这次再拍戴胜，我问自己，是为了拿着照片人前卖弄，还是为了当网红摄影达人，或是朋友圈一片点赞的小虚荣？突然发现这些都不是我当初喜欢摄影的原因。

拍照中，目不转睛地观察，心无杂念地等待，旁若无人地投入其中，经历了这些，才能体会到释放快门的快感、回看影像的喜悦，这才是摄影真正带给我的乐趣吧。老说数码技术让摄影师浮躁，真是如此吗，还是急功近利的摄影师自己内心浮躁呢？

安静地拍照和享受整个拍摄过程才是我应该追求的，不是吗？让浮躁的心安静下来，抛开功利心，只是单纯地拍摄，每一张照片都是对自己拍摄过程的最好纪念。

上二图

妈妈带好吃的回来了

左二图、右图

自由飞翔的戴胜

# 银杏

立夏已经过了，预示着夏天要来了，这时候走在紫禁城里，每一处都是嫩绿色的。

从隆宗门慢慢向南走，经过冰窖的松树林，走到弘义阁下的银杏林，再往前便是十八槐。初夏的银杏叶长得像一把小扇子，叶片嫩嫩的，透着叶脉，仿佛用尽力气在生长。此时的槐树也刚刚长出嫩绿色的叶片。这一路下来满眼都是嫩绿。

**银杏**

*清高宗弘历*

老干阴森寻丈余，
数人连抱峙阶除。
金颠元踬明消灭，
一例无心阅幻如。

左图、右图
嫩绿的银杏叶

## 十八槐

武英殿迤东断虹桥北的道路两旁，分布着十多棵古老的槐树，这就是“十八槐”。《旧都文物略》载：“桥北地广数亩，有古槐十八，排列成荫，颇饶幽致。”

右图

十八槐处的银杏林

## 珠颈斑鸠

紫禁城里的珠颈斑鸠非常多，它的脖子上有一圈圆形的花纹，像围了一圈珍珠一样。

珠颈斑鸠的警惕性比较高，很少落在游客多的地方。这些斑鸠就是在十八槐和弘义阁的银杏树林里拍摄到的。

我每次外出拍照都会先从这里经过，不管是什么季节，总能有所得。这条路线走起来特别安静，沿路树林茂密，适合小动物，尤其是小鸟栖息。

上图

珠颈斑鸠有漂亮的“围脖”

上二图
只能远远地拍摄它们

**立夏**

*清高宗弘历*

习习薰风拂面来，南讹平秩验恢台。
轻棉脱尽人眠柳，规叶圆成鼠耳槐。
花里游蜂冲雨去，溪边狎鹭度云回。
黍畴麦陇皆需泽，谁管韶华暗已催。

## 麦子

在拍摄小满节气的时候，我脑子里第一个想法就是应该拍摄麦子，或者其他有籽粒的农作物。我没想到紫禁城里会有麦子，找来找去还真找到了，是同事闲暇时种在大树下的，颇有些田园趣味。

上二图

麦子自成一道风景

**观刈麦**

*清高宗弘历*

麦苗入夏结穗黄，东坴西坴硕且长。
老农此日走田忙，腰镰遍割乐岁穰。
笑看黄云各成片，密茎随手行行乱。
肩挑背负晒檐头，饘粥有余他不羡。
呼儿莫逐飞来雀，令渠亦识收成乐。

# 石榴

石榴花开已是盛夏。传说紫禁城里的石榴吃了能治结巴，这当然只是个传说。紫禁城里有盆栽的石榴，到季节了会摆在乾清门广场，观众看到石榴果也不会乱摘。熙和门外种了几棵石榴，开花的时候，观众都喜欢来这拍照。小时候我家也种过石榴，我记得石榴很难在北京过冬，冬天要给它做保暖措施。我在故宫工作这么多年，从来没吃过故宫的石榴。那又红又大的石榴果，应该很甜吧。

右二图

石榴花、石榴果，都是古画中常见的元素

# 狗尾草

其实狗尾草也应该算是籽粒类的农作物，盛夏的时候籽粒饱满。狗尾草的生命力非常顽强，石头缝、砖缝、房顶的瓦缝，凡是有泥土的地方就能生长。种子成熟后随风四散，又继续生长。环卫工人一直把它当作杂草，看见了就会拔掉。

一次偶然的机会，我以红色的大门作背景，拍摄了一张狗尾草的照片，看起来似乎有些不一样。虽然是杂草，但它也是紫禁城里一处小小的风景。

右图

狗尾草也有美丽的一面

# 凌霄

夏天到来，御花园看上去郁郁葱葱。这个时候去御花园里走走，

会突然发现，红色的凌霄花开了，一朵朵紧紧挨着，像口朝上的小喇叭。

右二图
御花园中的凌霄花

# 荷花

紫禁城没有北海或是其他公园里那样大片的水域，但是御花园的水池里会种睡莲，有时候建福宫花园里也会摆上盆栽的荷花。这个时候应该到了夏至前后，夏天最炎热的时候开始了。荷花就像是盛夏的标志，成片的荷花，还有蝉鸣，就是夏天的印象。

**夏至斋居即事**

*清高宗弘历*

黼扆迁常座，明堂阖左扉。
抚辰怀嬗代，敕命凛时几。
北陆将依晷，南薰慢叶徽。
荡暄风习习，烛郁旭晖晖。
斋处封章少，遥闻昼漏稀。
敢期诚意假，因验道心微。

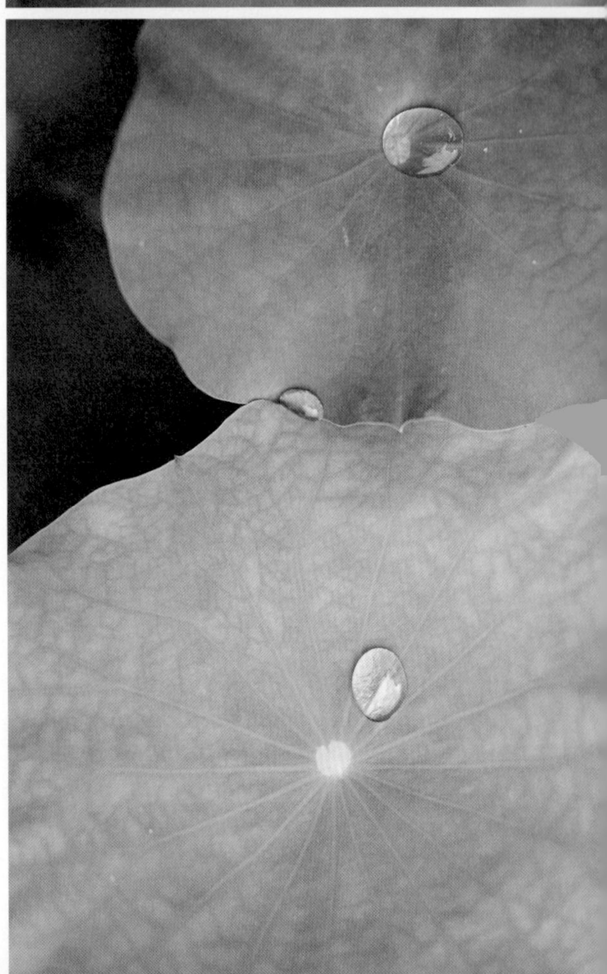

右二图
建福宫花园中的荷花

上二图

中通外直，不蔓不枝
香远益清，亭亭净植

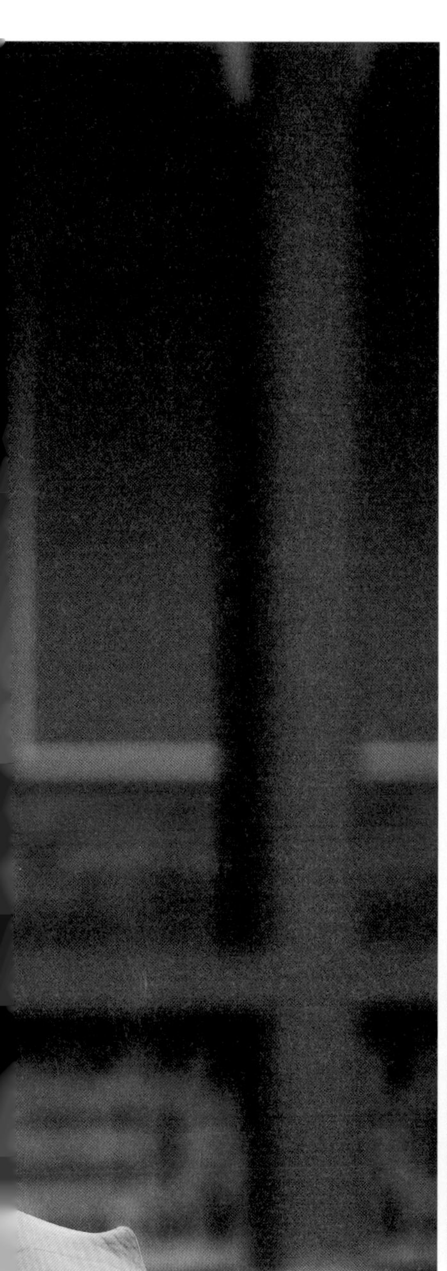

**荷**

*清高宗弘历*

嘉生依渌水，清馥满银塘。
让节非争艳，随舟暗递香。
晓珠泻乳露，午梦稳鸳鸯。
处处逢君子，何须华岳傍。

# 梨

经过春天的花开花谢，到了夏至天气炎热，所有的植物都在疯狂地生长。春天的那些花朵已经长成了果实，承乾宫的梨花和寿康宫的梨花都变成了累累硕果。我吃过寿康宫的梨，味道还不错，就是没有市场上卖的梨那么大，据说承乾宫的梨也很甜脆。

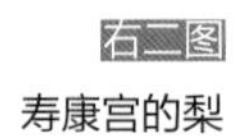

寿康宫的梨

## 蒲公英

小暑的时候，天气已经非常炎热了。一早起来，在室外站一会儿就开始出汗，就像在一个大蒸笼里一样，湿热难受。

我有时候会在紫禁城里游走，边走边拍，满身大汗，却没什么收获。有一次回办公室之前，我突然看见了地上的蒲公英。空气不通透，我俯下身去拍摄，画面里的蒲公英一片白花花的，仿佛充满着湿热和水汽，那是属于蒲公英的夏天印记。

上图

有蒲公英的夏天

# 槐花

午后的蝉鸣，落了一地的槐花，还有金水河岸和石墙上的青苔，这些给人的感觉就是热。

槐花落满地的时候，已经到了一年中最热的时候。满地的槐花，有一种凌乱之美。

**内苑**

清圣祖玄烨

晚凉内苑看槐花，
依槛临池日欲斜。
龙戏清潭娱夏景，
片云生处足桑麻。

右二图

槐树垂下枝条，枝条上开满了槐花

上图

角楼和槐花

**上图**

由骑凤仙人和龙守护的槐花

# 麻雀

紫禁城里的麻雀随处可见，即便在最冷的三九天，它们也是成群结队、叽叽喳喳。

麻雀没有喜鹊那么好看的外表，但也不像乌鸦那样不招人喜欢。在炎热的夏天，其他动物都懒得动，躲起来了，只有麻雀不知疲倦地在紫禁城里飞来飞去。

右二图
虽然是个小不点，但是也可以当主角

# 猫咪

夏日的暑热让猫咪们特别慵懒，基本上都在阴凉处睡觉或者躺卧。夏日的中午，观众们在颐和轩参观，

一只猫趴在盆景里睡得正香，不细看都发现不了。有的猫一大早起来就在路边椅子上躺着，观众来了，它们也毫不客气，继续睡觉，一点让座的意思都没有。夏日的猫咪整个状态就是两个字——慵懒。

右二图

我们能在各处"趴"

# 雨

夏天肯定是离不开雨的，但其实雨天不太适合拍照，大雨的时候，人和设备都要稍微避一下雨水；小雨呢，又很难拍出雨天淅淅沥沥的感觉。

好多景物都是雨后才会出现的，比如红墙上的小蜗牛，一下雨，它们总喜欢顺着红墙慢慢往上爬。

左图

雨后的宫殿倒影

右图

小蜗牛，慢慢爬

有一次下雨，我在慈宁宫花园里拍摄。正发愁怎么才能拍出下雨的感觉，突然脑海里蹦出小时候的儿歌：“下雨了，冒泡了！”对，我可以去拍水泡泡！我找到一处积水的地方，果然在雨滴落下的时候，雨滴打在水面上，会出现小水泡，水面还能映出远处的红墙。我高兴地按下了快门。

紫禁城的排水系统非常发达，但是短时的大雨后，地面上还是会有一点积水。宫殿旁，积水倒映着宫殿，实景与虚景形成上下对称的视觉效果。

右二图

啦啦啦，下雨了，冒泡了

上图

一点风雨而已，看我们闲庭信步

## 爬山虎

紫禁城里看不到整面墙都爬满爬山虎的景象。我觉得可能是为了保护古建筑，不能让爬山虎在上面乱长。但是爬山虎的生命力又非常旺盛，每到春夏它们就会从地面冒出，沿着红墙往上爬，秋天的时候还会变红。红墙配上碧绿的爬山虎，非常有夏日的活力感。

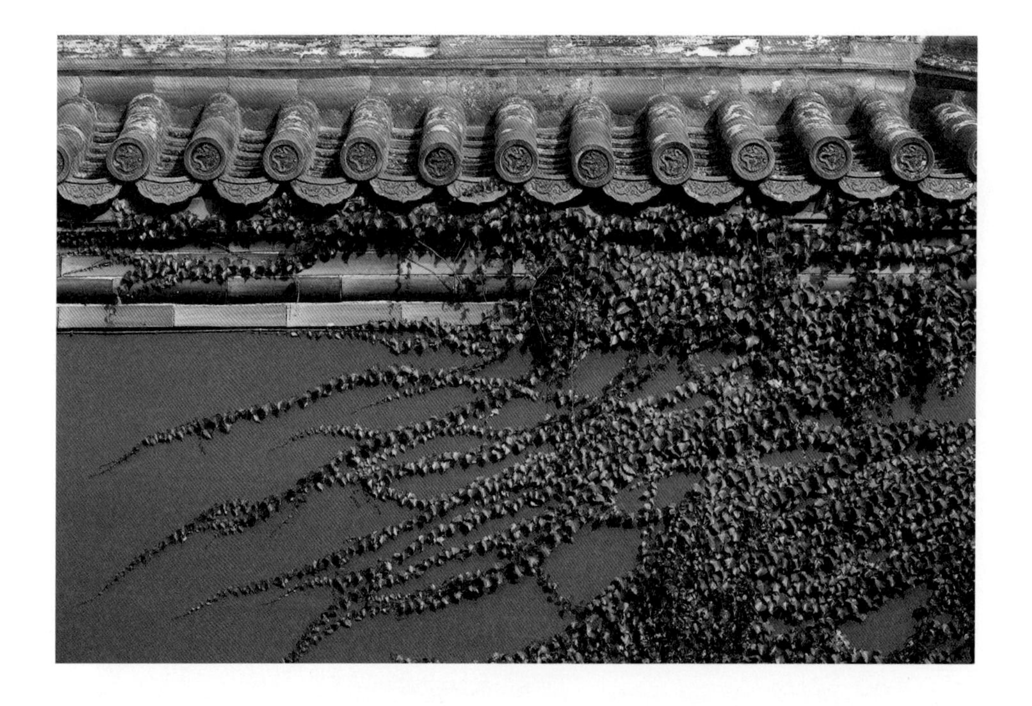

左图、右图

爬山虎在红墙上写下只有它能看懂的诗句

# 睡莲

夏日的御花园里，澄瑞亭和浮碧亭的水池里都会种上睡莲。睡莲种在花盆里，放在水池中央，每到白天就开花，晚上的时候花朵会收拢。睡莲把最美丽的一面都在白天呈现给人们，夜晚就休息，像极了在故宫忙碌的工作人员。两个水池里也会养一些金鱼，鱼儿在莲叶间穿梭游动，使得整间亭子都有了生气。

**大暑日作**

*清高宗弘历*

火伏朱明溽暑湿，暑犹可当湿毒亟。
冰壶广厦不延凉，虽有絺绤汗流汁。
郁燠炎腻酷无比，茅屋怨咨固其理。
斡旋灰琯有权衡，此节过当立秋矣。

右二图
睡莲只在白天开放

## 野花

夏天的雨水充盈，在古桥边、砖缝里、潮湿的柳树下、草地里，开满了像小雏菊一样的黄色小花。可能园林工人不时会把它们清除，可是一场雨后，它们还是会从各种缝隙里长出来。小黄花的花期特别长，生命力旺盛。

左图、右图

金灿灿的小花，有着旺盛的生命力

# 岁月留痕

漫长的夏天，春花已谢，雨后走在紫禁城里，可以细细地端详古建筑的细节。拿着相机慢慢地走着，在紫禁城的角角落落，寻找岁月留下的斑驳痕迹。轻触这些痕迹，仿佛感受到了工匠们建造宫殿时的初心。

右图
光影斑驳

上图

太和殿彩画

彩画

建筑立柱以上梁桁枋椽斗栱涂饰的彩绘装饰，是中国古代建筑的重要装饰之一。按画题不同可分为和玺彩画、旋子彩画、苏式彩画等。

上图

惠风亭彩画

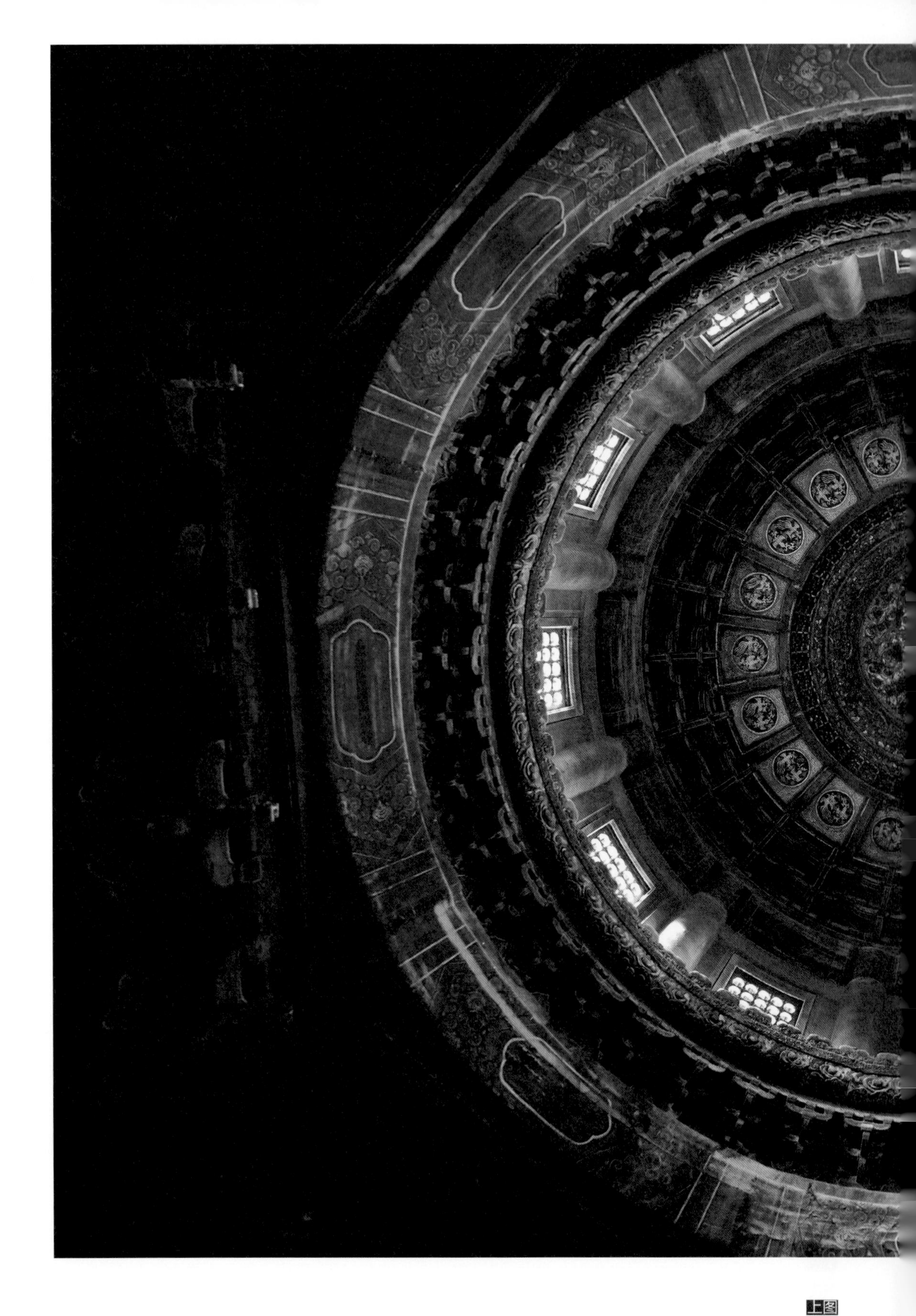

上图
千秋亭藻井

上图
养心殿香炉的局部

上图

景仁宫石构件

上图

英华门琉璃影壁

上图

漱芳斋区域的琉璃影壁

上左图

钦安殿栏杆

上中图

颐和轩匾额

上右图

太极殿影壁

## 喜鹊

喜鹊，听名字就非常让人喜欢。喜鹊的题材出现在故宫的各类文物上，从瓷器到绘画再到玉器雕刻，可见喜鹊应该是这里的“原住民”。喜鹊落在古建的白玉栏杆、停在红墙黄瓦上也煞是好看，给人一种抬头见喜的感觉。

右二图
“原住民”喜鹊

上图
观察一下

上图

我的翅膀好看吗

# 乌鸦

乌鸦在民间是一种不太受欢迎的鸟，大家都说它不吉利，通体黢黑，叫声难听。可是在紫禁城就不一样了，紫禁城里有很多乌鸦，它们毛色光亮，展翅飞翔的时候，有雄鹰一般的姿态。清朝的时候，宫廷把乌鸦奉为神鸟，在坤宁宫前还有索伦杆，用来投喂乌鸦，所以紫禁城里一直有很多乌鸦。

乌鸦警惕性非常高，勇猛也凶残，觅食的对象不限于游客丢弃的食品，有时也捕杀其他弱小的动物。乌鸦全身漆黑，一般以飞行姿态或正体轮廓示人。拍摄乌鸦时一般都距离很远，只能用长焦。

拍摄乌鸦，可以尽量选择晴好的顺光条件。太阳照在乌鸦身上，漆黑的羽毛会呈现乌黑发亮的状态，眼睛在强光的照射下也会有眼神光。眼神光这样一个光点会给满身黑色的乌鸦带来灵性，看着也可爱一些。

**归鸦**

*清高宗弘历*

归鸦集庭树，翅影带斜晖。
傍晚群争宿，逢人驯不飞。
远村霜月冷，古戍稻粱稀。
始信乡园好，枯枝犹可依。

上图

乌鸦是紫禁城内最常见的一种鸟

乌鸦非常聪明，捕食能力也很强。我就亲眼见过两只乌鸦在空中袭击其他的鸟。闭馆之后，乌鸦喜欢一群群停留在紫禁城空阔的广场上，数量很多，仿佛它们才是这里的主人。

上图

没人了，快来溜达吧

右图

我想唱就唱

# 云

夏天入伏之后，总觉得四周像蒸笼一样，湿度特别大。其实每年的入伏之前，大概在6月，北京会有几天天气特别好。

**白云一朵一朵飘在天上，像极了电脑开机桌面。我以为这种云彩要在立秋之后才会出现，其实数伏之前偶尔也会有。**

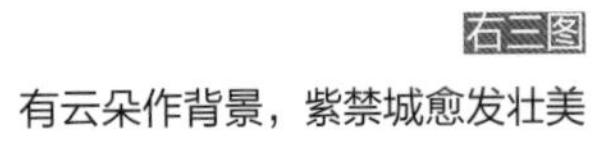

右二图

有云朵作背景，紫禁城愈发壮美

崇楼

崇楼坐落在太和殿、中和殿、保和殿院落的四隅。由于它们的位置特殊，分设在四个角落里，往往不引人注意，其实它们是外朝建筑群中十分重要的组成部分。

崇楼建筑高出邻近的廊庑，平面呈方形，内外不设楼层，中间有四根明柱，在两面墙上设门或窗。重檐歇山顶，上覆明黄色琉璃瓦。

上图
崇楼

上图

贞度门

上图

雨花阁和白塔

上图

从太和殿台基下仰望天空

上图

建福宫延春阁远眺

# 巍巍宫殿

紫禁城位于北京中轴线的中心，整个建筑群又以三大殿为中心。这个有着 600 多年历史的世界上现存最大的木结构建筑群，在建筑形式上处处体现着中心的重要性。紫禁城总体布局以轴线为主，左右对称，建筑规划有序、布局严谨、形式多样。总体布局遵循礼制，单独院落甚至单体建筑形式强调左右对称。

正因此，在拍摄禁城的时候，最能展现它的设计思想的构图方式莫过于对称式构图。对称式构图也能够更好地表现古建筑的雄伟壮阔。

右图
太和殿

上图
远眺紫禁城

右图
角楼

# 小兽

在紫禁城诸多的宫殿琉璃瓦顶和屋脊上有形状各异的大小神兽，它们的位置大小、数量多少和排列顺序都有讲究。在太和殿檐角上有着紫禁城中数量最多的小兽，它们是龙、凤、狮子、海马、天马、押鱼、狻猊、獬豸、斗牛、行什。

左图

重檐屋脊上的小兽

右上图

太和殿的小兽

右下图

在核桃树树荫下乘凉的小兽

秋

# 关山月

清高宗弘历

玉门关外秋风清，玉门关上秋月明。
戍儿归卜刀环鸣，离家见月几亏盈。
天河净洗兵不用，早晚可得酒泉封。
燕颔将军飞食肉，每同甘苦均寒冻。
遥忆千家砧杵声，旧衣未解新衣送。
举头皓魄又重圆，边笳四面方吹动。

# 立秋　处暑　白露　秋分
# 寒露　霜降

都说北京的春季和秋季短，因为立秋来临的时候，暑气未消，天气还非常热。

我记得小时候老人总是说，立秋了就凉快了。立秋后，虽然还在伏天里，但是早晚已经有凉意了。

立秋最重要的就是贴秋膘了。经过一个漫长而炎热的夏天，随着天气的转凉，人们的胃口也变得好了起来，这时候大家最乐意的就是贴秋膘了，一起吃顿饭、吃吃肉，很开心。

## 蓝天、白云

三伏未出，阳光依旧毒辣。蓝天、白云、金色的琉璃才是秋天最好的搭配。

蓝天、白云、汉白玉这样的蓝白组合，让人们明确地感到秋高气爽，秋天来了。

**立秋夜作**

*清高宗弘历*

瑟瑟金风报节频，飘飘梧叶落阶新。
不嫌日驰白驹隙，且喜轻凉上葛巾。
入夜渐长人未睡，裁诗有兴句无尘。
空庭小酌龙团坐，孤鹤一声隔绿筠。

上图

中和殿一角

右图

秋日阳光下的屋脊小兽

左二图、右图

秋高气爽的紫禁城

## 黄叶

处暑时节，天气慢慢转凉，暑意渐退，一片小小的叶子透露了秋意。一叶知秋。从这片黄叶开始，紫禁城慢慢进入金色季节。金黄的琉璃、金黄的叶子、金黄的夕阳都映衬在这红墙之城里。

**处暑日**

*清高宗弘历*

秋入已半月，暑退逯斯晨。
午来婪热剧，清晖悬碧旻。
譬彼春后寒，又如老健人。
宁复厌烦歊，惟益觉逡巡。
况乃利田功，催熟万宝均。
树杪动微风，飒然爽顿新。

上一图
黄叶透露了秋意

# 菊花

秋天的花园肯定是菊花的主场，不管是摆放的秋菊还是野生的菊芋，在秋天开放都是那么地应时应景。菊花是著名的“花中四君子”之一。菊花在古代被称为“鞠”，在《礼记·月令》中就有“鞠有黄华”的记载，东晋大诗人陶渊明的千古名句“采菊东篱下，悠然见南山”，赋予菊花高贵的品格。菊花纹也是常见的装饰纹样。在故宫博物院珍藏的文物中，有不少跟菊花有关。如紫檀木嵌染牙菊花图宝座，用百宝嵌出菊花纹样，大气而华美。菊花还有长寿的吉祥寓意，被人雅称为“寿客”“长寿花”。

**题沈周写生各种之菊**

清高宗弘历

不碍芳华潇洒，无双节概清高。
千秋知己谁是，历数唯屈与陶。

**绝句八首 其七**

清高宗弘历

白露冷为霜，寒丛秋艳萎。
溪岸转萧疏，剩有碧潭水。

右图

菊芋

**上四图**

“菊香晚艳——故宫开封菊花展”

2016 年

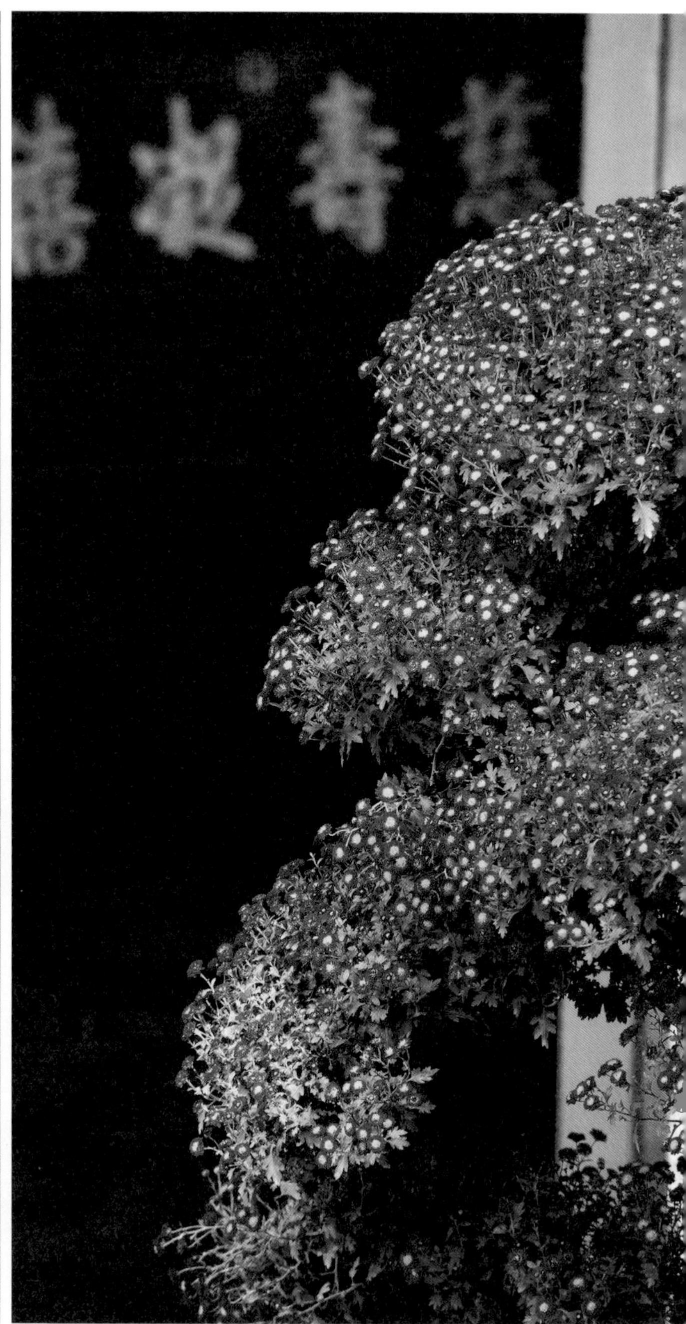

**咏盆中小菊**

*清高宗弘历*

最爱东篱种，移陪净几芳。
亚盆舒冷艳，擢秀先重阳。
辞圃霜羞傲，窥帘蝶任忙。
花师能位置，偏称小松旁。

左图、右图
“菊香晚艳——故宫开封菊花展”
2016 年

# 蘑菇

寒露、白露和霜降都是以水汽凝结现象命名的节气，这个时候天气由凉爽慢慢向寒冷过渡，气温逐渐变低，露水更冷。

慈宁宫花园的树桩下，在10月初的早晨长出了小蘑菇。其实有可能是狗尿苔，但是样子还是很好看的。

右图
几场秋雨过后，这些小家伙就冒了出来

# 秋月

中秋节是一个大节日，永恒的主题就是月。月团圆，人团圆。一轮明月照耀着600年的紫禁城，月上紫禁城，情满中秋夜。

**中秋夜对月**

清高宗弘历

崖巅升玉魄，流彩座中移。
明是今宵甚，看尤边塞宜。
桂香初想处，笳韵未终时。
犹忆帏城外，秋思动者谁。

上图

谁是月中人

右图

月满御景亭

上图

月照紫禁城

## 福寿绵长

中秋之后，重阳将至。寿康宫内的种种景致、件件陈设，都真切地诉说了一个儿子对母亲的爱，愿老人家健康长寿。

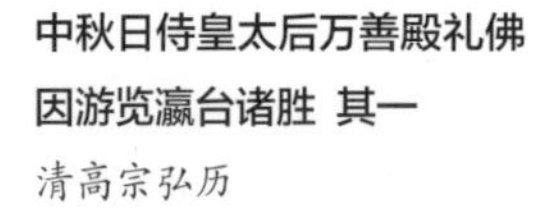

**中秋日侍皇太后万善殿礼佛**
**因游览瀛台诸胜 其一**

*清高宗弘历*

节到中秋好，波连太液虚。
壶天涵月宇，佛地敞云居。
色净参荷舫，香真坐桂疏。
寿康无量寿，如是乐何如。

右二图
寿康宫内景

福
仁壽遍和風
光華呈愛日
承五世頌斯千

## 寿康宫

位于内廷外西路，慈宁宫西侧。清雍正十三年（1735 年）始建，至乾隆元年（1736 年）建成，嘉庆二十五年（1820 年）、光绪十六年（1890 年）重修。

寿康宫南北三进院，院墙外东、西、北三面均有夹道，西夹道外有房数间。院落南端寿康门为琉璃门，门前为一个封闭的小广场，广场东侧是徽音右门，可通慈宁宫。

寿康门内正殿即寿康宫。殿坐北朝南，面阔 5 间，进深 3 间，黄琉璃瓦歇山顶。殿内悬乾隆皇帝御书“慈寿凝禧”匾额，东西梢间辟为暖阁，东暖阁是皇太后日常礼佛之佛堂。

寿康宫为清代太皇太后、皇太后居所，太妃、太嫔随居于此，皇帝每隔两三日即至此行问安礼。乾隆朝孝圣宪皇太后、嘉庆朝颖贵太妃、咸丰朝康慈皇太后都曾在此颐养天年。孝圣宪皇太后去世后，乾隆皇帝仍于每年圣诞令节及上元节前一日至寿康宫拈香礼拜，表达对母亲的思念之情。

**上四图**

寿康宫内部细节

**至寿康宫感述九月二十八日**

清文宗奕詝

殿阁仍依旧，人生叹不同。
原期长爱日，遽料起悲风。
命也身无倚，伤哉泪莫穷。
深恩十五载，往事已成空。

## 透风

在光洁平整的红墙上，总有这种用青砖雕刻各种图案的小窗口，它的学名叫透风，作用也如它的名字一样，是为了给墙体内的柱子透风用的。这是一个既有实际用处又有装饰作用的建筑构件，在画面里它犹如一方中国印，让红墙的留白显得不那么平。

右图
红墙上的一方“中国印”

# 秋意浓

秋分是象征季节变化的重要节点，这一天昼夜均等，且平分了秋季。此时，秋高气爽，风和日丽，丹桂飘香，蟹肥橘黄，正是京城最宜人的好时节。

秋雨过后，紫禁城增添了一分寒意，但空气清冷湿润。天空碧蓝如洗，天清气朗。秋分之后，光线入射越发斜下，为金色的秋天开始上色，红墙黄瓦，光影交错。

太和门广场是进入紫禁城后的第一个广场，内金水河蜿蜒穿过，五座金水桥犹如弦上之箭。为了展现整个太和门广场，拍摄选取了一个非常极端的角度——在午门城楼上拍下整个太和门广场，将蜿蜒的内金水河完全收入画面。这个角度让广场看上去大气恢宏，体现了紫禁城的庄严感。太和门广场上没有植物，季节变化不能通过植物来展现。我选择在不同的气象条件下，用同一角度拍摄太和门。镜头中，太和门广场所展现的气韵各不相同。

右四图

太和门广场（晴、雨、雾、雪）

上图
西二长街

**八月朔日秋分夕月**

*清高宗弘历*

少采当秋仲，禋宗重夜明。
九经循白道，万物荷西成。
朔魄将临望，亏轮本是盈。
银蟾与丹桂，齐语任闲评。

上图
中和殿

左四图、右图

建筑构件

## 柿子

民间的谚语说，霜降摘柿子。每当紫禁城里柿子红了的时候，天气渐凉，霜降也就到了。柿子，有事事如意之谐音，成熟之后，还会吸引喜鹊前来啄食，这就是事事如意，喜上眉梢。不知道是不是因为这个好寓意，紫禁城里有好多柿子树。

右图
成熟的柿子

# 银杏

**银杏是秋天的重头戏，金色的秋天要靠它来装扮。霜降之后，无论是延禧宫、弘义阁，还是慈宁宫花园，高大的银杏树都已透黄成锈，叶落纷纷。**

漫步紫禁城的东路，路过景仁宫，穿过景曜门、凝祥门，就被高过宫墙的一大片黄色吸引住了目光，这里就是延禧宫。延禧宫院内左右各有两株银杏树，树影婆娑，金色的银杏叶随风飘落，是秋季紫禁城内重要的观赏银杏的院落。

出右翼门，往武英殿方向走，路东侧是紫禁城中最大的银杏林，与断虹桥畔十八槐交相辉映。此时伴着斜阳洒下的余晖，落叶铺成了一片耀眼的金黄。层层叠叠的黄色银杏叶映衬着弘义阁檐下的彩画，一瞬间，世界仿佛只剩下绚丽的色彩……

慈宁宫花园里有两株绿色树牌的银杏树，它们至少有 300 年的树龄了，一直静静地矗立在那里。

出西华门往南，护城河两侧银杏树成行，午后的阳光让城墙在银杏的映衬下一片金黄。

右图

延禧宫的银杏

上图
银杏与建筑彩画

左上图

延禧宫的银杏

左下图

角楼的银杏

右图

银杏为秋日增添了一抹亮丽的色彩

上二图

十八槐的银杏林，是秋日紫禁城的热门打卡点

**妙达轩二首**

*清高宗弘历*

两株银杏峙堂襟，柿柿青云布爽阴。
几百年前此谁赏，芜葱唯是照无心。

构葺今轩依古树，穆然古意得今来。
便教充诎人居此，应亦神心妙达开。

# 鹿

鹿被视为祥瑞之物。鹿谐音禄，寓意吉祥。御花园中曾设鹿囿一座，约建于清光绪、宣统时期，位置在养性斋东，与绛雪轩西侧的集卉亭（今已不存）相对。主体包括一座砖石结构的露台及铁栅栏等。当时宫中养鹿、鹤，既为观赏，又有“鹤鹿同春”的寓意。鹿囿于20世纪70年代末被拆除。这并不意味着现代紫禁城里就看不见鹿了。

在2017年9月26日正式开展的“天禄永昌——故宫博物院藏瑞鹿文物特展”上，包括鹿角椅、青玉衔灵芝卧鹿等在内的近70件故宫博物院院藏珍贵文物亮相永寿宫；而来自承德避暑山庄的9头梅花鹿也同时亮相慈宁宫花园。为了这9头梅花鹿，故宫博物院工作人员远赴避暑山庄，挑选梅花鹿运送到紫禁城，在瑞鹿文物特展期间，供观众们观赏。

其实梅花鹿和紫禁城有着千丝万缕的联系。皇帝每年木兰秋狝，主要猎物是鹿。木兰为满语的音译，汉义是哨鹿用的哨子，秋狝即秋天打猎，语出《左传·隐公五年》：“春蒐，夏苗，秋狝，冬狩。”其实都是指要在农隙时打猎。秋狝的主要猎物是鹿。避暑山庄的山上一直有野生梅花鹿，避暑山庄鹿场的梅花鹿也是由野生梅花鹿经过几代繁殖驯化而来的，也许是历代皇帝秋狝的梅花鹿的后代。

**八月十六日热河启跸木兰行围之作**

*清高宗弘历*

山庄节过桂花筵，
哨鹿期临八月天。
爰以及时发警跸，
底须好逸恋林泉。
虞旌猎骑行招引，
旧属新归相后先。
更待贵山使者至，
大搜嘉与惠威宣。

右图
你在拍我吗

在紫禁城成为故宫博物院之后，活体的梅花鹿还是第一次进到故宫博物院内。由避暑山庄远道而来的 9 头梅花鹿，

## 有一只还怀有小鹿，于 2018 年 6 月 2 日在慈宁宫花园内诞下了一头小鹿。故宫的工作人员和观众们都非常欢喜，小鹿给古老的紫禁城带来了新的活力。

在北京的金秋，紫禁城的红墙映衬下，9 头梅花鹿自由自在地在慈宁宫花园中嬉戏，慈宁灵囿，瑞鹿攸伏。

右四图

我爱妈妈，妈妈爱我

冬

# 水始冰

清高宗弘历

漫坐冰床罢泛舟，沿溪初看碎琼流。
芙蓉倚岸凌霜晚，鸥鹭成群忆夏游。
何处水亭珠箔卷，谁家古渡钓纶收。
萧疏杨柳眉难画，一片清光上绮楼。

立冬 大雪

小雪 冬至 小寒 大寒

寒风乍起，水始冰，地始冻，植物慢慢枯黄。天气逐渐寒冷，冬天来了。

# 红叶

立冬的寒意，不只是银杏金黄，爬山虎和枫叶都一夜鲜红。

紫禁城里的枫树不多，在建福宫花园内有一株，正好映衬着建筑上的彩画，别有一番古意。

**红叶**

*清高宗弘历*

烂漫疏林九月时，浅红深紫着枝枝。
秾含秋色关仝画，艳夺春光杜牧诗。
通野望来张幕合，沿堤观去刺舟迟。
可知留殿园林景，珍重韶华是女夷。

右二图
爬山虎与枫叶

# 枯叶

冬天的树叶好像被修图工具去掉了绿色一样，紫禁城从夏天的郁郁葱葱变成了冬之枯黄。

**落叶**

清高宗弘历

西风吹万如鸣管，
剪绯缬绡千林满。
霜晨丹紫正萧萧，
夕阳鸦鹊何纂纂。
却忆三春绿荫浓，
一朝萎谢无留踪。
徘徊不为叹摇落，
爱看苍翠秋山容。

右二图
冬之序曲

## 喜鹊

漫步紫禁城，抬头巡景，冬天的鸟儿也仅剩下能在北方过冬的几种。不怕冷的喜鹊立于柿子树枝间，也可谓一片祥瑞。

右二图
柿柿见喜

## 乌鸦

冬季，紫禁城中鸟稀声。
但日暮时分，仍然能看到乌鸦的身影。

左图、右图
乌鸦已成为紫禁城的一部分

上图

我与仙鹤比美

## 猫咪

寒冬已至，猫咪们真的开始猫冬了。

**九月十八日立冬**

*清高宗弘历*

闰月催时序，秋深早立冬。
候风因验政，辨日每占农。
人迹霜华重，山峦黛色浓。
园林零落尽，徙倚眄苍松。

右二图

梳梳毛，我也是一只漂亮猫

上图

听说开饭了

**题宋元名绘之狸奴小影**

清仁宗颙琰

狸奴眼如线，毛洁趁莎茵。
捕鼠功常着，迎猫礼夙循。
祛邪搏鹦鹉，纵贼岂麒麟。
五德徒贻诮，毋存姑息仁。

**上图**

在吃饭，请勿打扰

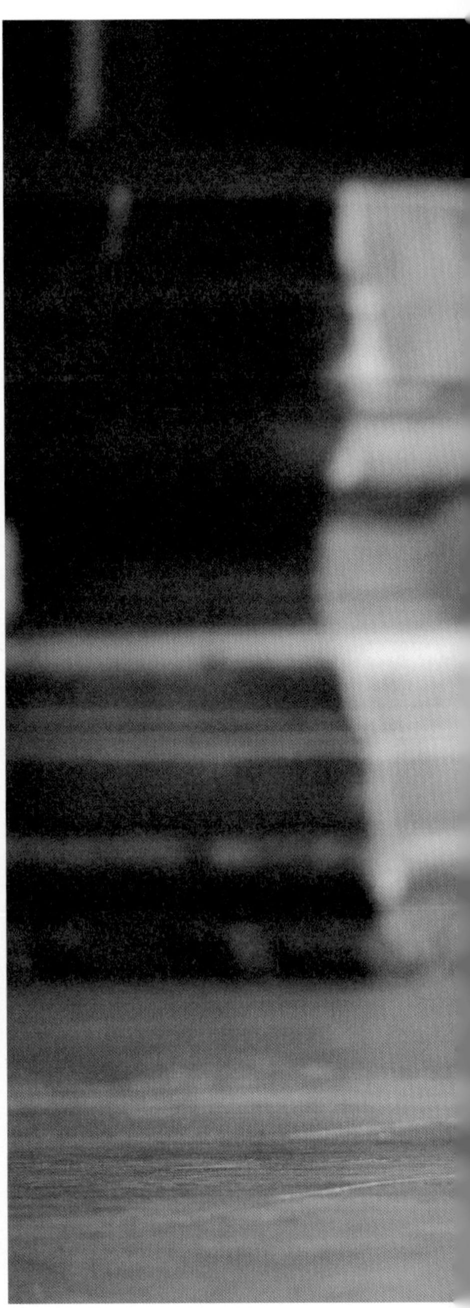

**上左图**

蹲一个

**上右图**

站一个

上左图

你在看风景，我在看你

上右图

你叫我吗

左上图

站在石墩旁，我也是有气势的

左下图

这个圆洞很适合拍照

右图

威风凛凛

左上图

虽然黑，但我的眼睛亮

左下图

有人叫我们警长，也有人叫我们乌云踏雪

右图

我就不下来

## 光影

冬至这一天白天时间最短，光线入射角度最低，乾清宫的匾额，却迎来了一年中最富光影魅力的时刻。太阳光线照在乾清宫的金砖上，打亮了匾额“正大光明”。

日晷

本义是指太阳的影子。现代的“日晷”指的是人类古代利用日影测得时刻的一种计时仪器，又称“日规”。

**拟古七首之一**

*清高宗弘历*

冬至群芳歇，松柏乃青青。
众人赏后凋，松柏转伤情。
伤情亦何为，见赏岁寒时。
岁寒不可回，良材将安施。
不如同枯槁，免使独树奇。
君子苟相顾，莫信桃李姿。

左图
太和殿，冬至正午的日晷
右图
“正大光明”匾

正大光明

在冬日斜矮的入射光线下，清晨的宫殿的彩画、汉白玉的螭首和栏杆全被照亮，仿佛镀上了一层金色。

上二图

太和殿的螭首

上图

太和门

上图
慈宁门

上图
雨花阁

上图

夕阳下的午门

上图

天色渐暗，一重重宫门都关上了

上图

三大殿

## 冰

到了小寒节气，紫禁城即便晴日暖阳，依然滴水成冰。

**腊日坐冰床渡太液池志兴二首**

*清高宗弘历*

破腊风光日日新，曲池凝玉净无尘。
不知待渡霜花冷，暖坐冰床过玉津。

太液人行步玉花，金鳌遥望锁烟霞。
胜游不数琼华岛，爱听寒林噪暮鸦。

右三图
滴水成冰

# 雪中紫禁城

纷飞的雪花让北京进入了另一个世界，雪中的紫禁城仿佛“穿越”了六百年。

**望雪行**

*清高宗弘历*

今年三冬未见雪，同云苦被风吹撤。
夜观望舒如镜明，晓看翔阳似冰洁。
秋麦全资冬雪培，遥识农家望岁切。
我闻三白兆丰年，望霰先集心如结。
上帝穹窿坐玉京，青女滕六分行列。
如何不一驾云车，试剪飞琼喷玉屑。
飘飘洒洒顷刻间，利我三农都喜悦。

右三图

雪花，落满了紫禁城

上图

雪中午门

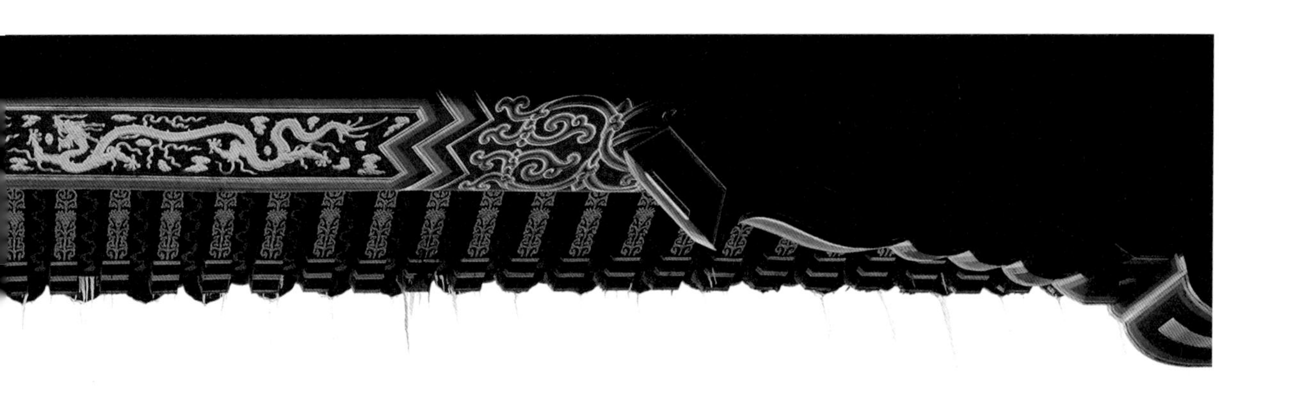

上图

慈宁门

上图

太和殿

上左图

冷得我伸舌头

上右图

这点雪，不冷

上二图

下雪了

**微雪十二月十一日**

清仁宗颙琰

夜半欣霏雪，征应小寒轻。
轻飘鸳瓦畔，微积凤楼端。
三白期知近，六花蕊未攒。
同云瞻普遍，感荷昊恩宽。

上三图

雪中的骑凤仙人

上图
大铜缸

**上图**

雪中的柿子

上图
静谧的太和殿

白茫茫的世界

**雪**

*清高宗弘历*

山灵幻戏能剪水，展新雪景又如此。
雪景从来我最耽，何况塞山清无比。
塞山几度旧曾来，玉妆粉饰逢今回。
樊川诗与营邱画，未若真界天然开。
丹枫翠柏傑池露，嫦娥耐冷守顾免。
司天妙算此间穷，却待新晴吟积素。

左图

你猜，哪根冰凌会最先掉下来

右图

白雪落满了屋顶

上图

洁白的世界，连小鸟也还没
来得及留下脚印

**夜坐**

*清高宗弘历*

夜坐悠然欣自得，地垆火暖灯花直。
年来诗兴富冬宵，清吟消得铜壶刻。
朔吹生寒雪洒天，窗前梅蕊饶颜色。
因思劳劳市上人，半身僵冻还谋食。
有时西北来凉飔，边陲天末频相忆。
劳逸忧娱顿尔殊，惭愧吾庐独宴息。
九皋生去不生归，前年梦见伤心极。
天心仁爱应洗兵，旋看明年大平贼。
军营十万壮男儿，各各归家勤稼穑。

上图

古人与我们看到的，是不是同样的场景

**雪后登碧照楼吟望**

*清高宗弘历*

昨已传宣琼岛游，诘朝积雪景偏幽。
即看冰影银揩镜，更胜波光碧照楼。
古木扬猗梅破萼，小山焕采玉成邱。
向来粉壁无题句，似为今番清赏留。

**上图**

雪中依稀可见景山

上图
太和殿雪景

图书在版编目（CIP）数据

紫禁城岁时记 / 王珽著 . — 北京 ：故宫出版社，2023.4
ISBN 978-7-5134-1566-8

Ⅰ . ①紫… Ⅱ . ①王… Ⅲ . ①故宫－介绍－北京 Ⅳ . ① K928.74

中国国家版本馆 CIP 数据核字 (2023) 第 034310 号

**紫禁城岁时记**

王 珽 著

出 版 人：章宏伟
题 字：耿宝昌 董正贺
责任编辑：程 鹃
装帧设计：赵 谦
责任印制：常晓辉 顾从辉
出版发行：故宫出版社
地址：北京市东城区景山前街 4 号 邮编：100009
电话：010-85007800 010-85007817 邮箱：ggcb@culturefc.cn
制 版：北京印艺启航文化发展有限公司
印 刷：北京启航东方印刷有限公司
开 本：787 毫米 ×1092 毫米 1/16
字 数：200 千字
印 张：22
版 次：2023 年 4 月第 1 版
2023 年 4 月第 1 次印刷
印 数：1-5000 册
书 号：ISBN 978-7-5134-1566-8
定 价：128.00 元